集 刊 名：庄学研究
顾　　问：王立胜　赵剑英　李景源　潘晨光　车照启　李仁群　孔祥永
编辑委员会主任：张志强
主　　编：胡文臻　郭　飚
执行主编：刘　卿　李　星　张　翼　陈　红　柳伍营
执行副主编：李家和　　马兆圣　　张建同　　孟轶琛
本期特邀主编：赵德鸿　　程光德　　宁全红

ZHUANG-OLOGY STUDIES（2020 No.2）Vol.5

编辑委员会

王立胜　李景源　赵剑英　张志强　车照启　孔祥永　李存山　李天明　胡文臻
郭　飚　李　星　陈　红　尹　杰　赵德鸿

编辑委员会主任

张志强

编辑委员会常务副主任

胡文臻　郭　飚

研究成果转化与决策咨询专家（特邀，按姓氏笔画排序）

王立胜　车照启　乌云塔娜　尹　杰　孔祥永　石东升　田　申　史向前　白和平
宁全红　成建华　刘克海　刘金会　刘举科　刘　卿　刘新文　孙伟平　杜延安
杜国平　李天明　李仁群　李存山　李景源　张志强　张　熙　张　翼　陈　静
陈　刚　陈　红　尚辰宇　周　丹　周　琼　单继刚　赵剑英　赵德鸿　胡文臻
胡若音　柳伍营　施立业　姜守诚　袁华杰　郭　飚　崔唯航　程光德　储成流

合作研究编务出版发布成员（《庄学研究》编辑部全体成员）

李　星　陈　刚　刘克海　马修文　李莹等

合作研究单位

中国社会科学院哲学研究所　　　　中国社会科学院文化研究中心
中国社会科学院社会发展研究中心　中共安徽省蒙城县委员会
蒙城县人民代表大会常务委员会　　蒙城县人民政府
政治协商会议蒙城县委员会　　　　安徽省庄子研究会

联合研究单位

安徽省人民政府参事室（安徽省文史研究馆）　安徽省社会科学院
安徽省社会科学界联合会　　　　　　　　　　安徽大学

编辑部

投稿邮箱：zxyjbjb123@163.com（蒙城编辑部）
　　　　　zxyjbj@163.com（北京编辑部）

中国社会科学院（所）地共建国家智库平台

庄学研究

ZHUANG-OLOGY STUDIES (2020 No.2) Vol.5

2020年第2期 总第5期

编委会主任
张志强

主编
胡文臻 郭 飚

执行主编
刘 卿 李 星 张 翼 陈 红 柳伍营

执行副主编
李家和 马兆圣 张建同 孟轶琛

本期特邀主编
赵德鸿 程光德 宁全红

中国社会科学出版社

图书在版编目(CIP)数据

《庄学研究》辑刊. 2020 年. 第 2 期：总第 5 期 / 胡文臻，郭飚主编.
—北京：中国社会科学出版社，2020.12
ISBN 978 – 7 – 5203 – 7612 – 9

Ⅰ. ①庄⋯　Ⅱ. ①胡⋯②郭⋯　Ⅲ. ①《庄子》—研究　Ⅳ. ①B223.55

中国版本图书馆 CIP 数据核字(2020)第 250967 号

出 版 人	赵剑英
责任编辑	孙　萍
责任校对	王佳玉
责任印制	王　超

出　　　版	中国社会科学出版社
社　　　址	北京鼓楼西大街甲 158 号
邮　　　编	100720
网　　　址	http://www.csspw.cn
发 行 部	010 – 84083685
门 市 部	010 – 84029450
经　　　销	新华书店及其他书店
印　　　刷	北京君升印刷有限公司
装　　　订	廊坊市广阳区广增装订厂
版　　　次	2020 年 12 月第 1 版
印　　　次	2020 年 12 月第 1 次印刷
开　　　本	787×1092　1/16
印　　　张	10.5
字　　　数	183 千字
定　　　价	88.00 元

凡购买中国社会科学出版社图书，如有质量问题请与本社营销中心联系调换
电话：010 – 84083683
版权所有　侵权必究

《庄学研究》编辑委员会主任、主编简介

编辑委员会主任简介

张志强

中国社会科学院哲学研究所党委委员,所长,研究员,中国社会科学院研究生院哲学系教授,博士生导师,博士后合作导师。

主编简介

胡文臻

中国社会科学院文化研究中心副主任,研究员,硕士生导师,中国社会科学院社会发展研究中心常务副主任,特约研究员。安徽省庄子研究会副会长。

郭　飚

蒙城县人大常委会主任,安徽省庄子研究会常务副会长,中国社会科学院社会发展研究中心特约研究员。

编 者 按

  2020年9月28日，中国共产党第十九届中央政治局专门以考古为主题举行集体学习。习近平总书记语重心长地指出："历史文化遗产不仅生动述说着过去，也深刻影响着当下和未来；不仅属于我们，也属于子孙后代。保护好、传承好历史文化遗产是对历史负责、对人民负责。"

  习近平总书记指出，我国是四大文明古国之一，中华文明有着悠久的历史和灿烂的文化，经历了5000多年的历史变迁，始终一脉相承，积淀着中华民族最深层的精神追求，代表着中华民族独特的精神标识，为中华民族生生不息、发展壮大提供了丰厚滋养。中华文明根植于中华大地，同世界其他文明相互交流，为人类文明进步做出了巨大贡献。要深入研究中华文明、中华文化的起源和特质，形成较为完整的中国文化基因的理念体系。

  《"西方文化对中国文化有影响力吗"——以马克思〈德意志意识形态〉与司马迁〈史记〉研究分析》一文成稿后，邀请多位学者专家"审读"并提出修改宝贵意见，出版前又请《庄学研究》特邀主编、哈尔滨师范大学文学院副院长赵德鸿教授予以"审读"并提出了修改意见，作者均进行了认真修改。

  自本期起，《庄学研究》编辑部将在"学术争鸣"栏目中，推出"观今宜鉴古，无古不成今"的文化自信与影响力专题文章。从多角度研究弘扬中国文化基因和中华文明历史，就必须坚持尊重悠久的中华文明历史早于西方文化的事实，坚定不移地走中国"文化自信"的道路。

目　录

庄学理论

试论华夏精神之"鲲鹏之志"与"浩然之气"
　　——从庄子与孟子的政治实践之异同看儒道两家之
　　　对立统一　　高伯羽 / 3
以庄子为中国养生思想代表管窥改善人体环境的重要性　　吴星辰 / 14
从庄子的"以道观之"思想看文明共存问题　　王昊宇 / 27

庄学研究

漫谈庄子意象思维与创造性启示　　孟祥运 / 37
庄子思想中蕴含的大国工匠精神及其现代价值
　　——由品读《庄子》与目及现实所想到的　　孟书明 / 46
向着无限敞开
　　——庄子《逍遥游》主旨探析　　孙　萍 / 62

庄学论坛

庄子养生思想及其对疫情防控的启示　　马修文 / 69
从"庖丁解牛"谈如何把握乡村振兴战略　　石　明 / 79

文化哲学

庄子之求知　　张文婷／89

庄子思想与安徽的乡土文明　　陈　群／100

学术争鸣

《庄子·齐物论》的古学今用　　庄伟祥／109

由"吾丧我"看庄子生死观的现代意义　　孙建民／118

"西方文化对中国文化有影响力吗"

——以马克思《德意志意识形态》与司马迁《史记》

研究分析　　胡文臻／125

庄学应用

中华优秀传统文化与文化产业的融合发展

——以蒙城庄子文化为例　　孟轶琛／151

附录一

征稿启事　　／160

附录二

编辑体例规范　　／162

庄学理论

试论华夏精神之"鲲鹏之志"与"浩然之气"
——从庄子与孟子的政治实践之异同看儒道两家之对立统一

高伯羽[*]

摘 要： 根据雅思贝尔斯关于人类文明"轴心时代"的理论，公元前7世纪至前3世纪人类文明"爆发式"成长，东西方同时涌现出一大批杰出的思想家，共同构建起人类文化的基本框架。对应这一时期东方的中华文化，正是春秋、战国的"百家争鸣"时期，出现了儒、墨、道、法等"九流十家"各领风骚的文化繁荣局面，奠定了中华文化的基本格局和面貌。

随着"轴心时代"的结束，在中国则是秦汉"大一统"帝国的建立和"百家"学术的逐渐沉寂。除儒、道两家之外，其他各家因后继乏人而几乎归于寂灭，实属可惜。尽管各家的思想材料都不同程度地被儒、道两家吸收和继承，但无庸讳言，自秦汉统一后，两千多年漫长的中国社会，主要是由儒、道两种主体文化所引领，它们共同塑造了中华文化的基本品格，成为浇灌和滋养中华民族精神的两股既泾渭分明又浑然一体的清泉，涓涓不息⋯⋯

先秦道家哲学的主要代表是老子和庄子，俗称"老庄"，儒家思想的主要代表是孔子和孟子，俗称"孔孟"。庄子与孟子生卒年代相近，庄子略小孟子几岁。他们生活的时代相同、面临的社会和人生问题相近，但他们所做的人生选择却大相径庭，他们所创立的思想体系也各具特点。考虑到历史上儒、道两家密不可分的现实关系，考虑到长期以来"以儒释道""援道入儒"的中华学术传统，本文试图从庄子和孟子的政治实践这个单一的角度，探讨二人政治理想与人生哲学之异同，进而揭示儒、道两家思想既相互区别又相互融合的对立

---

[*] 高伯羽，内蒙古科技大学、河北北方学院教授，文化部文化管理学会副秘书长。

统一关系，进而从"文化现象学"的高度上，揭示儒、道两种思想体系对中国知识分子精神世界的引领与滋养。

关键词：庄子　孟子　华夏精神　文化品格　鲲鹏之志　浩然之气

一　庄子、孟子政治实践之差异

庄子（约前369—前286年），名周，蒙（今安徽蒙城）人，战国中期思想家、哲学家、文学家。原系楚国公族，楚庄王后裔，后因战乱迁至宋国，为宋人。关于庄子的生平，我们所知甚少，只能根据《史记》本传的简述和《庄子》书中的记录，推测、还原出一个吸风饮露、特立独行、视功名如腐鼠、拒绝与统治者合作的古代智者的大致轮廓。我们只知道他曾为漆园小吏，然后就长期隐居山林不再出仕。他知识渊博，其学无所不窥，且著述宏富，文笔恣肆汪洋，深受时人敬重。然而，他却"鼓盆而歌"、甘于清贫。《史记·老子韩非列传》是这样记述的："庄子者，蒙人也，名周。周尝为蒙漆园吏，与梁惠王、齐宣王同时。其学无所不窥，然其要本归于老子之言。故其著书十余万言，大抵率寓言也。作《渔父》《盗跖》《胠箧》，以诋訿孔子之徒，以明老子之术。《畏累虚》《亢桑子》之属，皆空语无事实。然善属书离辞，指事类情，用剽剥儒、墨，虽当世宿学不能自解免也。其言洸洋自恣以适己，故自王公大人不能器之。"《史记》本传上的这段记载，言简意赅地概括了庄子的学术旨归、思想倾向、文风特点和政治选择——王公大人不能器之。

对庄子自视清高、不同流俗、追求自由、拒绝入仕的精神状态和政治选择，太史公无疑是颇为欣赏且大加褒奖的。在短短几百字的传主传略中，司马迁用几近一半的篇幅讲述了庄子放浪不羁、不为权势所诱的高贵品格，追慕之情溢于言表："楚威王闻庄周贤，使使厚币迎之，许以为相。庄周笑谓楚使者曰：'千金，重利；卿相，尊位也。子独不见郊祭之牺牛乎？养食之数岁，衣以纹绣，以入太庙。当是之时，虽欲为孤豚，岂可得乎？子亟去，无污我。我宁游戏污渎之中自快，无为有国者所羁，终身不仕，以快吾志焉。'"

《史记》中的这段记载，或许脱胎于《庄子》书中如下两段脍炙人口的文字，抑或另有所凭，不得而知，然而其精神旨归和价值取向是高度一致的。在《庄子·逍遥游》中有如下一段文字："尧让天下于许由，曰：'日月出矣，而爝火不息，其于光也，不亦难乎！时雨降矣，而犹浸灌，其于泽也，不亦劳乎！夫子立而天下治，而我犹尸之，吾自视缺然。请致天下。'许由曰：'子治天下，天下既已治也，而我犹代子，吾将为名乎？名者，实之宾也，吾将为宾乎？鹪鹩巢于深林，不过一枝；偃鼠饮河，不过满腹。归休乎君，予无所用天下为！庖人虽不治庖，尸祝不越樽俎而代之矣'。"庄子以许由自况，将自己的终生不仕与许由的"尧让天下而不取"相比附的意味十分明显。另一段在《庄子·秋水》篇："惠子相梁，庄子往见之，或谓惠子曰：'庄子来，欲代子相。'于是惠子恐，搜于国中，三日三夜。庄子往见之，曰：'南方有鸟，其名为鹓鶵，子知之乎？夫鹓鶵发于南海，而飞于北海，非梧桐不止，非练实不食，非醴泉不饮。于是鸱得腐鼠，鹓鶵过之，仰而视之曰：'吓！'今子欲以梁国而吓我耶？"将庄子视富贵权势如粪土腐鼠、坚决捍卫自己高洁情操的隐者形象描述得淋漓尽致。

综上，结合《庄子》通篇所富含的抱持鲲鹏之志的远大胸怀、崇尚无为而治的政治理想、追求精神上绝对自由的人生哲学、秉持"适己自恣"的价值取向、悠游于"无可无不可"的生存智慧之间，用其终生不仕的政治实践，谱写了一曲逍遥自在的人生赞歌，这一高蹈超尘的人格特点，在庄子身上体现得十分鲜明。

对比孟子的政治选择，反映在儒道两家政治思想和人生哲学上的差别和对立是十分明显的。而这一差别所形成的中华文化两种基本元素、两种风格迥异的文化滋养，对中华民族精神成长的影响至为深远。

孟子（约前372—前289年），姬姓，孟氏，名轲，字子舆（或子车、子居），邹国（今山东邹城）人。原系鲁国公族、孟孙氏后裔，孟孙氏衰微后其一支迁居邹，是为孟子先祖。战国中期思想家、哲学家、教育家。关于孟子的生平，由于他在儒家的"亚圣"地位，就要翔实和丰富得多。首先，我们来看《史记·孟子荀卿列传》极为简略的记载："孟轲，邹人也。受业子思之门人。道既通，游事齐宣王，宣王不能用。适梁，梁惠王不果所言，则见以为迂远而阔于事情。……天下方务于合从连衡，以攻伐为贤，而孟轲乃述唐、虞、三代之德，是以所如者不合。退而与万章之徒序《诗》《书》，述仲尼之意，作《孟子》七篇。"这段高度概括的记述，同样明确揭示了孟子的学术师承、学派归属、学术特点和著述成果。尤为重要的是，根据本文所选取的角度，这篇简短的文字，明确地概括出孟子一生的政治选择、政治实践和政治命运。

我们根据《孟子》书中孟子游说各国诸侯的记录，对照同一时期所发生的重大历史事件和史实，大致可以比较准确地还原出孟子一生的政治活动轨迹。

一如孔子"吾十有五而志于学（学习），三十而立（聚徒讲学），四十不惑，五十而知天命（政治成熟），六十而耳顺（周游列国、对话诸侯），七十而从心所欲不逾矩（文化整理、传承）"（《论语·为政》）。孟子拥有同样的人生轨迹：读书学习、聚徒讲学、传食于诸侯之间投身政治活动、最后退而与弟子从事文化整理和理论著述。他的政治活动轨迹大致是这样的：

孟子在40多岁开始率领学生游说于各诸侯国之间，试图实现自己的政治主张，到60多岁由于各诸侯王"不合""不能用""不果所言"，最终退而与学生一起著书立说，政治活动几近20年。他游说的诸侯国有齐、邹、滕、薛、宋、魏、鲁等国，游说的诸侯有齐威王、齐宣王、宋王偃、滕定公、滕文公、梁惠王、梁襄王、邹穆公、鲁平公等。

首先去见齐威王（前356—前320年在位），宣扬他的"仁政""王道"主张，由于话不投机，连齐威王赠送的"兼金一百镒"都没有接受，就离开了；然后去了宋国，是在前329年前后，宋公子偃自立为君的时候。他在宋国期间，滕文公还是世子，他去楚国经过宋国时见到孟子，"孟子道性善，言必称尧舜"。他从楚国回来又在宋国见到孟子，孟子说"世子疑吾言乎？夫道一而已矣"。意思是说，只要学好"先王之道"，就可以把滕国治理好。不久，孟子接受了宋君馈赠的"七十镒金"，离开宋国，回到故乡邹国。根据《孟子·梁惠王下》记载，邹国当时刚刚与鲁国发生了冲突。邹穆公问孟子："吾有司死者三十三人，而民莫之死也。诛之，则不可胜诛；不诛，则疾视其长上之死而不救。如之何则可也？"孟子回答说："凶年饥岁，君之民老弱转乎沟壑，壮者散而之四方者，几千人矣；而君之仓廪实，府库充，有司莫以告，是上慢而残下也。"意思是说，你们君臣都不顾老百姓的死活，临难，老百姓当然不会奋不顾身，所谓"出乎尔者，返乎尔也"；然后，他在梁惠王后元十五年（前320年），离开滕国到了魏国，这时，孟子已经53岁。梁惠王见到孟子就问："叟，不远千里而来，亦将有以利吾国乎？"正好撞在孟子"重义轻利"的义利观上，所以直接回绝说："王，何必曰利，亦有仁义而已矣。"根据《孟子》记载，孟子与梁惠王交往的这段时间，一定是在前323年之后，即发生了如下历史事件之后——前353年，桂陵之战，魏败于齐。前341年，马陵之战，魏太子魏申被齐军俘虏而死。前340年，秦国的商鞅领兵攻魏，俘魏大将公子卯。前330年，魏割河西地于秦，前328年，又割上郡十五县于秦。前323年，楚使柱国昭阳领兵破魏军于襄陵，取得魏国八邑之地。所以梁惠王对孟子说:"晋国,天下莫强焉,叟之所知也。及寡人之身,东败于齐,长子死焉;西丧地于秦七百里;南辱于楚。寡人耻之,愿比死者壹洒之,如之何则可?"(《孟子·梁惠王上》)可见,这段对话是在以上史实发生之后。梁惠王问的是复仇的具体办法,孟子却对梁惠王讲了一套施仁政于民的大道理,当然得不到梁惠王的重视。孟子与梁惠王这次对话后的第二年,梁惠王就去世了,他的儿子梁襄王继位。孟子见到梁襄王,对他的印象很坏:"望之不似人君,就之而不见所畏焉。"这时,齐威王已死,宣王嗣位,孟子便离开魏国再度到了齐国。这一年大约是在齐宣王二年(前318年),齐宣王见到孟子就问:"齐桓、晋文之事可得闻乎?"孟子回答说:"仲尼之徒无道桓文之事者,是以后世无传焉,臣未之闻也。无以,则王乎!"齐宣王想效法齐桓公、晋文公图谋霸业,孟子的政治主张却是效法"先王",实行"仁政",最终"保民而王",讲了一套用"王道"代替"霸道"的大道理,当然得不到宣王重用。再然后,大约在前312年(秦楚大战)前后,孟子离开齐国再次去到宋国。据《孟子·告子下》记载,孟子从齐国到宋国去,在石丘遇到宋牼。宋牼听说秦、楚要打仗,准备去游说秦、楚罢兵。孟子又一次用国家层面上的"义利观"婉转批评了宋牼。最后,鲁平公(约前322年至前302年在位)时期,由于孟子的弟子乐正子为政,孟子去宋游鲁。最终因宠臣臧仓的阻碍,鲁平公打消了会见孟子的念头。长期不遇、四处碰壁的孟子很有感慨地说:"吾之不遇鲁侯,天也。臧氏之子焉能使予不遇哉?"经过近20年的奔波、碰壁,孟子渐失"如欲平治天下,当今之世,舍我其谁"的气魄,而有了一种"夫天未欲平治天下也"的失落、绝望与宿命(《孟子·公孙丑下》)。孟子这时已经六十几岁,便回到老家邹国,著书立说,不再出游了。

综上,庄子、孟子作为儒、道两家的杰出代表,各自用他们一生的人生实践,深刻而完美地反映和践行了儒、道两家的核心思想与基本理念。尤其是他们迥然有别的政治实践,一个是积极入世、孜孜以求改变现实政治、缔造理想社会,可谓席不暇暖、任劳任怨;一个是超然物外、想方设法逃离现实政治、追求全生葆真,可谓身如槁木、心如死灰。二者的差别是十分明显的,真正是各具特点、泾渭分明。

二 庄子、孟子政治思想与人生哲学之异同

庄子、孟子作为儒道两家思想的杰出代表,都有着非常丰富而明确的政治思想和人生哲学。有关儒道两家以及庄子、孟子思想体系的差别与对立，是中国学术史上一个最为人们所关心且早已形成许多众所公认的结论的领域。限于篇幅，本文不再重复这些众所周知的结论。下面，仅从庄、孟两种政治选择和人生态度，作为两种基本文化元素，如何长期影响中国知识分子的精神结构和人格气质这一视角出发，尝试对庄子、孟子的政治思想和人生哲学之异同做一番初步分析。本文的结论是，儒道两家，或者说庄子和孟子，其思想体系与人生态度既有相异之点，又有相同之处；既相互对立，又内在统一。二者共同以中华主体文化的形式塑造着华夏精神的多维度和丰富性，滋养着中国知识分子人格的朴实与高洁。

对比庄子与孟子一生的政治理想、政治选择和政治实践，他们有三点不同，又有三点相同，十分鲜明地反映出儒、道两家思想既对立又统一的辩证关系。作为影响中国社会最为深远的两种文化元素，在之后两千多年的中国社会里发挥着巨大作用，甚至至今这种影响仍不稍减！

庄、孟三点不同处：一是思想学派不同。儒、道两家思想学术分野明晰，体现在社会理想和人生哲学上，一个主张"小国寡民""适己自恣"，努力追求"无用之用"的闲适和高飞远举的逍遥；一个主张"大一统、王天下""达则兼济、穷则独善"，孜孜矻矻于"修、齐、治、平"的政治实践与人格修炼，区别与对立是显而易见的。二是政治实践不同。老子、庄子一个为"守藏室之史"，一个为"蒙漆园吏"，均为下层小吏。最后，一个骑青牛西出函谷关，不知所终，一个隐居山林、终生不仕，均为避世者，远离政治；孔子、孟子一个为"中都宰"、再"司空"、再"司寇"并"行摄相事"，一个为"客卿"常常"后车数十乘，从者数百人"，均为高官厚禄。一个率领学生"周游列国"16年，推行其"仁政"思想，一个率领学生"传食于诸侯之间"几近20年，宣传其"王道"学说，均为入世者，积极投身于政治活动。三是人生追求不同。基于儒、道两家截然不同的人生观和价值观，庄子、孟子在人生追求上的区别也是显而易见的。一个追求"无为""适己"，最高理想是精神上的绝对自由，任意逍遥；一个追求"修己以安人、修己以安百姓"，最高理想是天下大同，克己复礼。

庄、孟三点相同处：一是思想体系的丰富性和完整性是相同的。庄子、孟子都是古代优秀的知识分子，伟大的思想家和哲学家。思想深刻、文笔酣畅，受到时人的敬重和后世的无限敬仰，同时成为"真人"与"圣人"，为中华文化的成长和繁荣做出了巨大贡献，对后世的影响尤其对知识分子的影响极大，这一点是相同的。二是追求理想政治的出发点是相同的。庄子、孟子同样作为中国古代最为睿智的哲人，他们怀揣对人生的美好梦想，追求理想社会与理想政治是不言而喻的，这是文明与理性的本然之义。尽管二人追求理想政治的表现方式迥异：孟子紧贴现实，力求改造现实政治；庄子超然物外，力求摆脱现实政治的羁绊。但孟子同样秉持儒家"危邦不入、乱邦不居"，天下"有道则见、无道则隐"的古训，积极入世却并不丧失原则、丧失自我。同样常有"采薪之忧"的傲岸和不吃"嗟来之食"的超然；庄子"非梧桐不止，非练实不食，非醴泉不饮"，不入庙堂、不愿被政治"巾笥而藏"，而宁愿"曳尾于涂中"，不也是对理想政治的另一种呼唤、另一种追求吗？可见，在追求理想社会、理想政治、理想人生的出发点上，两位哲人又是相同的。三是对现实政治的批判意识是相同的。作为同一时代的思想家，庄子、孟子面对的是同样的社会现实和政治环境。礼崩乐坏、称王争霸、战争频仍、生灵涂炭，恶浊的社会现实和政治环境，使庄子选择了回归自我、向内寻找生命的丰盈与心灵的宁静，实现"全生""葆真"的人生价值，像逃避"巾笥"的枷锁和"腐鼠"的腥臭一样，逃避现实政治。他直接用自己不合作的政治选择和行为表达了对现实政治的厌恶与批判；孟子虽然积极投身于实现"治国平天下"的"王道"政治实践中，但他始终保持对现实政治的批判意识，甚至更为直接和尖锐。这不仅体现在他对待当时君王的傲然态度上、常常当面诘难使其"王顾左右而言他"，更表现在他系统的政治理论中。他的"民贵君轻"论、统治者的"贼残"论、可"诛一夫"的革命理论，甚至常常成为后世农民起义的思想武器，故而也常受到历代统治者的贬损和抵制。

三 "鲲鹏之志"与"浩然之气"对中国知识分子的深远影响

知识分子作为民族的精粹，一直引领着整个民族前进的方向和步伐。在中国古代，知识分子——也就是天下读书人——统称为"士"。士作为一个特定的阶层，所谓"士农工商"之"四民"之首，一方面作为官员队伍的提供者和预备队（其实科举制度前后均是如此），直接影响和决定着社会生活的基本面貌；同时，也以文化先行者和道德实践者的身份，引领和规范着全社会的精神风貌与道德操守，标志着一个社会文明的高度。正所谓"学而优则仕"，所谓"君子之德风，小人之德草，草上之风，必偃"（《论语·颜渊》）。而纵观两千多年中国的读书人主要读什么书呢？当然，主要是读儒家经典，其次，一定是道家学说，这是无可置疑的。所谓在朝为儒、在野入道，所谓得意则儒、失意则道，所谓达则兼济（治国）、穷则独善（悟道），说的都是这个意思。甚至，具体到某一个读书人，为官时以儒立身、致仕后即入道养生；得意时恪守儒家教条，失意时醉心道家理论，历史上不乏其例。由此可见，天下读书人不外乎得意失意、在朝在野两种结局、两种境况，而成为文化主流的儒、道两家思想，给予了他们全面的滋养。

儒、道两家思想分别以"儒家文化"和"道家文化"两个文化符号体系，长期而深刻地影响着中国的知识分子、影响着整个中国社会。本文只选取庄子的"鲲鹏之志"和孟子的"浩然之气"两个文化符号加以简析，看它们是如何深入到民族文化的血液中，整体提升了中华民族精神高度的？

《庄子》开篇的《逍遥游》起首就给我们讲了一个离奇的神话故事，推出"鲲鹏"这种巨无霸的存在。当然，它是庄子伟大人格的化身："北冥有鱼，其名为鲲。鲲之大，不知其几千里也；化而为鸟，其名为鹏。鹏之背，不知其几千里也；怒而飞，其翼若垂天之云。是鸟也，海运则将徙于南冥。南冥者，天池也。"此示其伟大。"鹏之徙于南冥也，水击三千里，抟扶摇而上者九万里"，此示其志向远大、能力超强。接着，庄子推出几种目光短浅的小动物来嘲笑鲲鹏的志向与能力："蜩与学鸠笑之曰：'我决起而飞，抢榆枋，时则不至，而控于地而已矣；奚以之九万里而南为？'……斥鴳笑之曰：'彼且奚适也？我腾跃而上，不过数仞而下，翱翔蓬蒿之间，此亦飞之至也。而彼且奚适也？'"在此，我们当然知道，庄子是以动物喻人类，揭示出不同的人，其志向之大小不啻云泥。最后，庄子的结论当然是以道家的高飞远举、鲲鹏之志以"剽剥儒、墨"之汲汲于功名利禄，一似"蜩与学鸠"而已。用他的话说是："故夫知效一官、行比一乡、德合一君、而征一国者，其自视也亦若此矣。"简简单单一段话，羞煞古今几多王侯将相啊！你们踽踽于仕途之上，蝇营狗苟，为品阶的升迁黜降而大悲大喜，在庄子看来，不过是燕雀之志，何其小也！

庄子对仕途官场的深恶痛绝，来自他对险恶政治环境的深刻认识。他深知凭一己之力无法扭转现实的黑暗，遂扬弃了儒家"知其不可为而为之"的固执，追求一种"无所可用"的无用之用，最终达到"全生""葆真"的人生终极目的。在貌似"消极"的背后，生成了一种哲学高度上对生命的终极关怀与肯定，谁又能说这不是中华民族生存智慧的另一个维度呢？在《庄子·逍遥游》里，有庄子与惠子的这样一段对话："惠子谓庄子曰：'吾有大树，人谓之樗。其大本臃肿而不中绳墨，其小枝卷曲而不中规矩。立之涂，匠者不顾。今子之言，大而无用，众所同去也。'庄子曰：'子独不见狸狌乎？卑身而伏，以候敖者；东西跳梁，不避高下；中于机辟，死于罔罟。今夫斄牛，其大若垂天之云。此能为大矣，而不能执鼠。今子有大树，患其无用，何不树之于无何有之乡，广莫之野，彷徨乎无为其侧，逍遥乎寝卧其下，不夭斤斧，物无害者，无所可用，安所困苦哉！'"庄子用这样一个充满辩证法意蕴的寓言故事，得出他生命哲学的最高结论："吾生也有涯，而知也无涯。以有涯随无涯，殆已！已而为知者，殆而已矣！为善无近名，为恶无近刑，缘督以为经，可以保身，可以全生，可以养亲，可以尽年。""故曰：至人无己，神人无功，圣人无名。"(《庄子·养生主》)

可能令庄子意想不到的是，在往后的几千年里，他这一"鲲鹏之志"的寓言，他这"无所可用"的教诲，给了古往今来多少知识分子尤其是官场失意的读书人以气节上的鼓励和心理上的安慰啊！使他们面对难以到手的功名，能够产生"小知不及大知，小年不及大年"的自我安慰；面对同侪的轻薄肤浅，能够产生"朝菌不知晦朔，蟪蛄不知春秋"的矜持自守，借以获得心理上的平衡，最终磨砺出"举世而誉之而不加劝，举世而非之而不加沮"的气魄与达观。

孟子提出"浩然之气"的概念，同样是在其政治活动中，面对统治者的专横跋扈和颐指气使，为保持知识分子的人格独立与人格平等而提出的。他首先提出面对利诱、不为所动的"不动心"思想。《孟子·公孙丑上》记载了他与学生的这样一段对话："公孙丑问曰：'夫子加齐之卿相，得行道焉，虽由此霸王，不异矣。如此则动心否乎？'孟子曰：'否！我四十不动心。'"接下来，公孙丑继续追问老师何所长？孟子正式提出他的两项长处是"知言"和善养"浩然之气"。师生对话是这样的："'敢问夫子恶乎长？'曰：'我知言，我善养吾浩然之气。''敢问何谓浩然之气？'曰：'难言也。其为气也，至大至刚，以直养而无害，则塞于天地之间。其为气也，配义与道；无是，馁也。'"所谓"知言"是指"诐辞知其所蔽，淫辞知其所陷，邪辞知其所离，遁辞知其所穷"。是知识层面的、人生经验层面的，不议。而"浩然之气"则全然是精神层面的、是人格修养层面的，必须引起我们的高度重视。

孟子善养"浩然之气"的思想，其政治上的出发点是保持知识分子人格的尊严与独立，其思想基础是人人平等、人格平等，其哲学基础是"性善"学说。

孟子主张人无分贵贱，在人格上都是平等的。他说："圣人，与我同类者。"（《孟子·告子上》）这种思想的理论基础是"性善论"。他认为："人皆有不忍人之心"，"无恻隐之心，非人也；无羞恶之心，非人也；无辞让之心，非人也；无是非之心，非人也"。而这些基本的人性其实就是人类社会道德的基础。"恻隐之心，仁之端也；羞恶之心，义之端也；辞让之心，礼之端也；是非之心，智之端也。"在天性和人格上，圣人和凡夫俗子是生而相等的，他说："麒麟之于走兽，凤凰之于飞鸟，太山之于丘垤，河海之于行潦，类也。圣人之于民，亦类也。"（《孟子·公孙丑上》）正因为每个人都具备善良天性和良好品德，如果人们不断发展自己的仁之"四端"，则"人皆可为尧舜"。

在孟子看来，人要成为尧舜，就必须"保养本心"、善养"浩然之气"。这种"养气"的工夫，是以保持人的本性和加强仁义道德修养为途径的："其为气也，配义与道矣。"（《孟子·公孙丑上》）人生总是充满了欲望和诱惑，要想学做圣人就必须摆脱这些外在干扰。孟子认为，人们的差别不在于富贵贫贱，而在于能否保持高尚的情操和道德，即做"仁人"。"君子所以异于人者，以其存心也。君子以仁存心，以礼存心。"（《孟子·离娄下》）强调君子必须固守"穷不失义，达不离道"的人格底线。

为此，孟子提出"大丈夫"人格这一理想人格概念。所谓大丈夫："居天下之广居，立天下之正位，行天下之大道"；"富贵不能淫，贫贱不能移，威武不能屈，此之谓大丈夫"（《孟子·滕文公下》）。只有人格独立自主才能"无为其所不为"，才能"仰不愧于天，俯不怍于人"（《孟子·尽心上》）。

孟子作为中国古代知识分子的杰出代表，由于其"我善养吾浩然之气"，为历代中国知识分子保持气节、大义凛然、不卑不亢、不畏权贵的人格特质树立了标杆。孟子在与诸侯国君的交往中，充分体现出了这些高贵的品质。当弟子问孟子，齐宣王对他很尊敬，为什么孟子对齐宣王反而不那么恭敬时，孟子用曾子的话说："彼以其富，我以吾仁；彼以其爵，我以吾义，吾何慊乎哉？"（《孟子·公孙丑下》）他常常言辞犀利，敢撄逆鳞，经常使国君们"勃然变乎色"（《孟子·万章下》），或者无言以对，只好"王顾左右而言他"（《孟子·梁惠王下》）。同时，孟子的"浩然之气"理念，还为历代知识分子充任"客卿""幕僚""言官"的职业身份，找到了进退裕如的心理依据。孟子说："吾闻之也，有官守者，不得其职则去；有言责者，不得其言则去。我无官守，我无言责也，则吾进退，岂不绰绰然有余裕哉？"（《孟子·公孙丑下》）

历史上，儒、道两家的思想对立是由来已久的，也是显而易见的。《史记》就说庄子"以诋訾孔子之徒"为能事，纵观《庄子》全书，尤其《渔父》《盗跖》《胠箧》诸篇，简直就是仲尼之徒的言论汇编和行状记录，其中多有直评，也确实不乏"诋訾""剽剥"之处；然而，随着魏晋玄学"援道入儒""以儒释道"思潮的兴起，儒道合流的趋势就始终没有停歇。隋唐的"道统"学是如此，宋明"理学"和"心学"亦是如此，清朝、民国的"宋学""汉学""新儒学"又何尝不是如此？北宋的苏东坡首先提出《庄子》"明诋暗助"儒家的观点，这一观点也得到康有为的认可和发扬。这一贯穿中国学术史的有趣现象，本身就说明儒、道两家思想具有天然的内在统一性。从文化现象学的角度讲，秦汉以后，两千多年来中国知识分子事实上就是在——或者说主要是在——儒、道两家文化乳汁的滋育下成长起来的，这一现象本身就足以说明二者的内在统一。

再看《孟子》，孟子以"距杨墨、放淫辞"为己任，言辞更为激烈："圣王不作，诸侯放恣，处士横议，杨朱、墨翟之言盈天下。天下之言不归杨则归墨。杨氏为我，是无君也；墨氏兼爱，是无父也。无父无君，是禽兽也。"（《孟子·滕文公下》）孟子似乎对道家学说深恶痛绝。事实也是如此，这是由于儒、道两家思想的矛盾与对立所决定的。以后的荀子同样批评"庄子蔽于天而不知人"（《荀子·解蔽》），反映了两家思想对立的基本事实，这是毋庸讳言的。

然而，学术分歧和思想对立是一回事，而作为文化现象的内在融合与统一又是一回事。儒家文化与道家文化的基本矛盾和对立是事实，这主要体现在两种思想、两种文化的思想倾向和学术旨归是基本对立的。这决定了两种思想体系在世界观、价值观、人生观等一系列基本理念上都是有区别的甚至严重对立的，兹不赘述。更重要的是，作为两种主要滋养了中华民族的文化元素，恰恰是由于它们之间的区别与对立，陡增了中华文化的张力和多维性。儒、道两家思想在共同构建和养育民族精神与品格上达到了高度统一。这是本文的主旨所在。

以庄子为中国养生思想代表管窥改善人体环境的重要性

吴星辰[*]

摘　要：中国古代的养生思想博大精深、源远流长，是古人智慧的结晶，具有蓬勃的生命力，对后世医学、养生学、体育学都有重要的指导意义和深远影响。庄子是中国第一个比较系统地提出养生观念的古代先贤，其养生思想影响了后世两千多年养生观念的沿革和发展。本文先对中国古代养生思想做一粗浅概括，然后再着重探讨庄子的养生哲学，通过分析庄子的养生观，探求古代养生思想对现代社会改善人体环境、增强人民体质、提升生命质量的重要意义。

关键词：庄子　养生　人体环境

"养生"一词，最早出现于春秋战国时期，是指对生命和人体的保养、修护。中国古代先贤们在思考和探寻人类生命规律过程中，期望借助内修心、外修体的方式，养护身体、预防疾病，达到保养身心、延年益寿的目的。中国的养生学，既有形而上的理论体系，又有在生产劳作及观察自然中受到启发而创造出的具体可行的操作实践，其发展史和中国历史一样悠久，在中国传统文化中占有一席之地，与传统医学——中医，更是同根同源，密不可分。在传统的儒、释、道三家中，道家是最为重视养生学的一派，道家中又以庄子的养生思想最为知名，如《庄子·养生主》之《庖丁解牛》一篇，至今仍为国内外学者研究庄子养生思想所追捧。

养生有广义和狭义之分，广义养生包含了养生所涉及的全部范围，用现代观点来看，既包括治病，又包括预防；狭义养生仅指预防疾病的发生。古代医

---

[*] 吴星辰，天津市社会主义学院教授，天津市社会主义学院统一战线理论研究中心执行主任。

学家认识到人健康长寿，要防患于未然，要靠"养"，因而普遍重视"治未病"。《黄帝内经》认为，"是故圣人不治已病治未病，不治已乱治未乱，此之谓也"①。唐代医学家孙思邈认为，"上医医未病之病，中医医欲病之病，下医医已病之病"②。

一 中国古代的养生理论

在华夏文明史中，古人对养生的初步认识，可以追溯到原始社会末期和夏商奴隶社会时期，经历了漫长的发展过程。春秋战国时期，诸子百家开始重视探讨养生，纷纷提出自己的养生思想，到了西汉时期则出现了流传至今的五禽戏这类养生功法，随着封建社会达到鼎盛，中国古代养生思想也日臻成熟。

（一）原始和奴隶社会时期

1. 原始社会时期

《韩非子·五蠹》："上古之世，民食蜾蠃蜂蛤，腥臊恶臭，而伤害脾胃，民多疾病。"③ 大意是，人们由于饮食不当，会有患上胃病的可能性。《吕氏春秋·仲夏纪·古乐》："昔陶唐氏之始，阴多滞伏而湛积，水道奎塞，不行其原，民气郁瘀而滞着，筋骨瑟缩不达，故作舞以宣导之。"④ 大意是，在中国陶唐氏时期，由于地势的原因，人们聚集的区域水灾泛滥，河流堵塞，并且那时人们经常缺衣少食，导致很多人患上了水肿病，人们发现经常跳一种"消肿舞"可以达到治疗的效果，笔者认为这种消肿舞是气功的雏形。

2. 殷商时期

《尚书·洪范》记载："人有五福：一曰寿；二曰富；三曰康宁；四曰攸好德；五曰考终命。"⑤ 其中"寿""康宁""考终命"都记载的是长寿的问题，反映出当时人们对健康长寿的重视。《尚书·酒诰》"罔敢湎于酒"更加明确地提到了过量饮酒不利于人体健康。

3. 西周时期

随着社会生产力的更大发展，人们开始注意观察、研究与长寿相关的问

---

① 姚春鹏译注：《黄帝内经》，中华书局 2010 年版，第 32 页。
② 孙思邈撰：《千金方》，中华书局 2013 年版，第 94 页。
③ 高华平、王齐洲、张三夕译注：《韩非子》，中华书局 2010 年版，第 698 页。
④ 王世舜、王翠叶译注：《尚书》，中华书局 2012 年版，第 157 页。
⑤ 王世舜、王翠叶译注：《尚书》，中华书局 2012 年版，第 202 页。

题，《诗经·小雅·南山有台》有"万寿无期"①之语，是当时人们对于健康长寿的思想反映。《易经·序卦》："物樨不可不养也，故受之以需。需者，饮食之道也。"②说明当时人们已经在思考饮食与养生之间的关系。《易经·颐卦》："君子以慎言语，节饮食。"③大意是，颐养之道，要言语谨慎、节制饮食，才能达到君子的境界。

（二）先秦时期

先秦时期养生思想中具有代表性的著作是《老子》《庄子》《管子》等，这些哲学思想影响了中国古老的医学，比较著名的如《黄帝内经》养生理论体系的建立。

1. 儒家的养生主张

儒家思想的中庸之道，大多符合养生哲学。《论语》中多处记载了孔子对饮食、长寿的观点。《论语·乡党》："食不厌精，脍不厌细。食饐而餲，鱼馁而肉败，不食。色恶，不食。臭恶，不食。失饪，不食。不时，不食。割不正，不食。不得其酱，不食。肉虽多，不使胜食气。惟酒无量，不及乱。沽酒市脯，不食。不撤姜食，不多食。"④这是孔子关于日常起居饮食的名句，着重提到了要注意饮食的卫生精细，不要过量饮食。《论语·雍也》："知者乐，仁者寿。"⑤指要加强自身修养，具有仁爱之心的人才能健康长寿。

孟子在《公孙丑上》一篇中强调了养气的重要性。"夫志，气之帅也；气，体之充也。夫志至焉，气次焉。故曰：持其志，无暴其气。"⑥意思是说，心志是意气的主帅，意气是充满体内的。心志关注到哪里，意气就停留到哪里。所以说：要把握住心志，不要妄动意气。在这篇中，还有孟子著名的对浩然正气的解释，"其为气也，至大至刚；以直养而无害，则塞于天地之间。其为气也，配义与道；无是，馁也"⑦。都强调了人要想健康长寿，首先要培养体内正气，使阴阳调和，最终实现人体内环境的平衡。

---

① 张俊纶：《诗经译注》，崇文书局2014年版，第290页。
② 尚秉和：《周易尚氏学》，九州出版社2011年版，第269页。
③ 尚秉和：《周易尚氏学》，九州出版社2011年版，第115页。
④ 杨伯峻译注：《论语》（典藏版），中华书局2015年版，第144页。
⑤ 杨伯峻译注：《论语》（典藏版），中华书局2015年版，第87页。
⑥ 朱熹撰：《四书章句集注》，中华书局1983年版，第173页。
⑦ 朱熹撰：《四书章句集注》，中华书局1983年版，第173页。

2. 道家的养生主张

《道德经》："咎莫大于欲得；祸莫大于不知足。故知足之足，常足矣。"① 大意是，不知足就会有祸，贪得无厌就有罪。作为道家学派的创始人，老子主张清心寡欲，他说："人法地，地法天，天法道，道法自然。"② 他认为人的生长发育规律与天地自然、万物变化的规律一致，人类要想健康长寿，必须让自身适应自然规律，随着自然的变化而变化。

庄子提倡人除顺应自然，还应注重精神修养："纯素之道，唯神是守；守而勿失，与神为一；一之精通，合于天伦。故素也者，谓其无所与杂也；纯也者，谓其不亏其神也。能体纯素，谓之真人。"③ 可见，庄子注重"神"的休养，通过"养神"，达到"养形"，无欲无求，使内心纯净，才能颐养天年。因本文着重探析庄子的养生思想，故在此不加赘述。

3. 墨家的养生主张

墨子出身社会下层，经常劳作和步行，所以墨子主张运动。墨子在《节用》一篇中说："居处不安，饮食不时，作疾病者死。"④ 强调要遵循饮食规律，饮食没有规律会患上疾病；墨子提倡穿衣是为了使身体舒适，他说："圣人为衣服，适身体，和肌肤而足矣，非荣耳目而观，愚民也。"⑤

4. 杂家的养生主张

《吕氏春秋·情欲》："古之治身与天下者，必法天地也。"⑥ 主张尊重自然规律。《吕氏春秋·贵生》："夫耳目鼻口，生之役也。耳虽欲声，目虽欲色，鼻虽欲芬芳，口虽欲滋味，害于生则止。在四官则不欲，利于生则为。由此观之，耳目口鼻不得擅行，必有所制，此贵生之术也。"⑦ 主张节制欲望，使生活有规律，才能达到养生的目的。《吕氏春秋》赞许陶唐氏锻炼身体，认为富人出则以车，入则以辇的做法不符合养生之道，强调运动对于生命的意义，只有锻炼和运动，才能尽其天年。

---

① 朱玲编著：《道德经典藏》，北京联合出版公司2013年版，第231页。
② 朱玲编著：《道德经典藏》，北京联合出版公司2013年版，第127页。
③ 方勇译注：《庄子》，中华书局2010年版，第247—248页。
④ 吴毓江撰：《墨子校注》，中华书局2006年版，第243页。
⑤ 吴毓江撰：《墨子校注》，中华书局2006年版，第45页。
⑥ 汉高诱注：《吕氏春秋》，上海古籍出版社2014年版，第34页。
⑦ 汉高诱注：《吕氏春秋》，上海古籍出版社2014年版，第27页。

5. 中医的养生主张

春秋战国时期，传统医学得到了很大的发展，并出现扁鹊等名医和中国最早的医学著作——《黄帝内经》。其成书于战国时期，分为《素问》和《灵枢》两部，"汇集了古代劳动人民长期与疾病作斗争的临床经验和理论知识，奠定了中医的理论基础"[①]。《黄帝内经》在养生方面提出了"形与神俱"的养生思想，要既注意养形，又注意养神。对于有损于形体的，都不符合养生之道；同时也强调了精神在养生中的重要作用。《黄帝内经》中有很大篇幅提到了按摩养生，按摩是中国古代劳动人民在劳作生活的基础上，创造出来的一种养生手段，具有实际的医疗健身效果。

（三）封建社会时期养生理论的发展

1. 秦汉三国时期

这个时期最著名的是华佗的"五禽戏"和马王堆出土的《导引图》。华佗根据流水不腐，户枢不蠹的理论，以道家学派的导引功法为基础，模仿五种飞禽走兽的形态创编了"五禽戏"，这种套路形式，开了中国导引养生术之先河，对后世创编"八段锦""太极拳"等，提供了重要的科学范式。1973年底在湖南长沙马王堆三号汉墓出土了中国迄今为止最早的《导引图》。"五禽戏"和《导引图》都反映了那个时期重视导引锻炼，认为导引可以使人体筋骨得到锻炼，使经络、血脉得以畅通，从而达到增强体质、预防和治疗疾病的目的。

2. 魏晋南北朝时期

两晋南北朝是中国佛教大发展的时期，佛教中的"坐禅"主要指入静养神，是佛门弟子修身养性的必修课。坐禅的养生理论思想核心是精神修养，形式是贵在虚静，与庄子的"虚静无为"有些类似。要求节制欲望，清净身心，这也完全符合佛家修身养性的教义。

3. 隋唐时期

隋唐时期是中国古代物质文明大发展的时期，养生开始注重实效性和科学性。这一时期养生的特色是注重动静结合。药王孙思邈认为养生就得保神，只有心神安定，才能身存年永，这是"静"；孙思邈崇尚散步锻炼和按摩，在《备急千金要方》中介绍了两种按摩的具体手法，这是"动"。

---

① 徐里军：《〈黄帝内经〉养生思想研究》，硕士学位论文，江西师范大学，2019年，第1页。

4. 宋元明清时期

宋元明清时期，社会生产力取得了较大的进步，文化也得到了繁荣，养生受到各阶层民众的重视，在对前人养生思想归纳和整理的基础上，养生理论也得到了较大的发展，出现了大量传统养生学专著。如宋朝张君房的《云笈七笺》、宋朝苏东坡和沈括的《苏沈良方》、明朝高濂的《遵生八笺》等；养生开始与医疗保健相结合，市井阶层开始出现了一批养生能手，最有代表性的是宋朝的"八段锦""易筋经"和明末清初河南温县陈家沟的陈王庭所创太极拳。

二 庄子的养生思想

庄子，名周，约前369—前286年，战国中期宋国蒙人，是继老子之后道家学派的代表人物，提倡"顺其自然""无为而治"。养生思想在庄子哲学中占据重要地位，养生就是修养身心，其实质是一种顺应和依从的生命观，庄子建立起这一较为系统的养生思想体系，至今仍为人所颂扬，并具有非常重要的理论和现实研究价值。

（一）形神双养

庄子所谓"养生之道"，更多的是说"养神"和"养形"，养形是养生的基础，养神是养生的关键，两者缺一不可，提倡形神并重、内外兼修。"形"指生命的存在方式，"神"指生命的内在核心，庄子认为只有外在身体与内心精神共同达到完满状态，生命力才能悠久充沛，"形神双养"是养生的出发点和落脚点。庄子在《达生》一篇中，着重论述了形神关系，如"有生必先无离形""养形果不足以存生"[1]，是说形是神的基础，养神不能脱离养形；"形精不亏，是谓能移"[2]，是指养形需要借外物来滋养，但又不能完全依靠外物，因为还要养神；"夫形全精复，与天为一"[3]，是指形神同时修养，才能达到天人合一的状态。在庄子看来，"形"和"神"不能孤立对待，两者各为其补，相辅相成，劳损形神是对生命的消耗，对于养生有害无益。

（二）依从自然规律

庄子的养生哲学集中体现为"缘督以为经"[4]，即顺其自然，保持平常心。

---

[1] 方勇译注：《庄子》，中华书局2010年版，第294页。
[2] 方勇译注：《庄子》，中华书局2010年版，第295页。
[3] 方勇译注：《庄子》，中华书局2010年版，第295页。
[4] 方勇译注：《庄子》，中华书局2010年版，第44页。

这里的"自然",不是"自然界"的意思,而是指事物本来的状态,或是自然规律。他认为人的生命有限,人应该安于自然,不要违背自然规律。养生的基本前提是以自然的心态去面对世间万物,即所谓宠辱不惊。庄子认为,要尊重自然规律,重视人与自然的协调统一,《养生主·庖丁解牛》一篇,借庖丁高超的宰牛技艺寓说社会复杂之仿若牛的筋骨盘结,阐述了庄子独特的养生观点。应"因其固然",需"依乎天理",然"以无厚入有间",并"怵然为戒",且以"善刀而藏之"。① 即反对人为束缚,一切都遵循事物发展的基本规律,这个发展规律,是指依从生命本来的规律,在接受生老病死的基础上,淡然乐观地面对生活。

庄子的依从自然,还表现在对"生死"的看待上。庄子认为生与死如同气的运转变化,并无"非死即生"的界限。当然,庄子并不提倡人浑浑噩噩地度过生命,而是希望人生在世,应该把握好时间,做到形神双养,这样就不会陷入到对生存的迷茫、对死亡的恐惧中去,努力增加生命的厚度与广度,不负韶华,才是对待生命最好的态度。

(三)保持心灵的淡定

庄子继承了老子"自然无为"的观点,并做了进一步的申发。庄子同意老子的"道"即自然,认为万物都应"无为",老子所讲的"无为"是指一种客观性,而庄子则把这种客观性内化为一种心灵的境界,把客观的依从上升为主观的顺应。庄子认为人应该节制欲望,陷入欲望的苦海会使人形神受损,人们之所以追名逐利、苦心孤诣就是因为心灵被物欲所蒙蔽,人变得浮躁虚伪,面对人世间的各种纷繁复杂,最好的方法就是"为善,无近名;为恶,无近刑",② 从善如流,尽量避开一切矛盾是非,不执着于有无,超越外在限制,不受外物干扰,才能保持心灵的淡定。淡泊名利既是养生的具体方式,也是人应该保持的处世态度。养生的重点在养神,养神的前提是无欲,一个人无欲无求了,精气神也就足了,烦心事少了,自然就健康长寿了。

(四)适量适度

《养生主》开篇:"吾生也有涯,而知也无涯。以有涯随无涯,殆已。已而为知者,殆而已矣。"③ 意思是,人的生命是有限的,而知识是无限的。用

---

① 方勇译注:《庄子》,中华书局2010年版,第46页。
② 方勇译注:《庄子》,中华书局2010年版,第44页。
③ 方勇译注:《庄子》,中华书局2010年版,第44页。

有限的生命去追求无限的知识,必定会劳心劳神,甚至陷入非常危险的境地。这里我们可以看出庄子十分反对过分追求外物,即使是对知识的渴求,也要遵循适可而止的适度原则。"适度"不仅是庄子的养生观点,也是庄子的重要哲学思想,即做事要适可而止,过之则犹如不及。庄子同意老子"甘其食,美其服,安其居,乐其俗"①的主张,提出了:"人之所取畏者,衽席之上,饮食之间,而不知为之戒者,过也"②,长寿的人都有规律的作息和良好的饮食习惯。

(五)动静结合

庄子推崇彭祖的长寿之法:"吹呴呼吸,吐故纳新,熊经鸟申,为寿而已矣。此道引之士,养形之人,彭祖寿考者之所好也。"③彭祖的养生方法是重视呼吸,在一呼一吸之间,体会动静的奥妙,达到吐故纳新的目的。"形劳而不休,则弊;精用而不已,则劳,劳则竭。"④在生命不断进化的过程中,动静结合不仅可以增强体魄,还会促进新陈代谢,是最佳的延年益寿方法,能使身体处于良好的生理状态。"静而与阴同德,动而与阳同波。"⑤"与阴同德",就是说像大地一样,厚德载物;"与阳同波",就是说像天空一样,自强不息。

三 庄子的养生之术

庄子不仅提出了养生理念,而且提出了可以具体实践的养生体系,最经典的莫过于"心斋"和"坐忘"了,最终实现的达道状态就是"物化"和"撄宁"了。

(一)心斋

所谓"心斋",实际上是指一种心理状态。说文解字中"斋"的意思是:禁戒,使身心素洁。庄子所说的"心斋"是对心而言的斋戒,讲求的是"虚静"。要做到"心斋",首先就要使自己的内心保持虚静,破除掉身心存在的内外对立状态,在精神世界上与外部合为一体,从而免除受到外部世界的干扰,内心的意念就可以保持高度集中,才可以借由气与万物相通相连,更好地与外部世界融为一体,也就彻底超越了物我对立,更加容易地把握到"道"的

---

① 朱玲编著:《道德经典藏》,北京联合出版公司2013年版,第399页。
② 方勇译注:《庄子》,中华书局2010年版,第302页。
③ 方勇译注:《庄子》,中华书局2010年版,第247页。
④ 方勇译注:《庄子》,中华书局2010年版,第247页。
⑤ 方勇译注:《庄子》,中华书局2010年版,第247页。

本质。"心斋"是一种调息养气之术，在养气的过程中产生虚静、柔和心境，去除心中的一切杂念，有如招待客人之前需要先打扫房间一般。在《人间世》一篇中，庄子借孔子之口提到了"心斋"的过程，即"无听之以耳而听之以心，无听之以心而听之以气。听止于耳，心止于符。气也者，虚而待物者也。唯道集虚，虚者心斋也"①。"心斋"的关键就在于"虚"。

（二）坐忘

"坐忘"是庄子提出的另一种修养方式，如果说"心斋"只是达到内心的安静，而"坐忘"就是忘却内心与肢体。在《大宗师》一篇中，庄子借颜回之口，指出了"坐忘"的具体方法："堕肢体，黜聪明，离形去知，同于大通，此谓坐忘。"②孔子进一步将"坐忘"解释为顺应变化，不滞于常理。以当时的社会现实，庄子"坐忘"思想显然不同于其他诸子百家投身世事安身立命的学说，力图通过这种思想来解除人们所存在的种种苦难。"坐忘"分为三个阶段，即"忘礼乐""忘仁义"，庄子认为"仁义礼乐"属于社会价值评价体系，是人伦关系的问题，其存在是为了满足部分人的私心，与"道"相背，最后"离形去知"，不在意自己的肢体，不卖弄自己的智慧，超脱形体以及智巧的束缚，与道为一。"离形"是不再一味寻求肢体的完美，"去知"是因为"知"本身是不可靠的，不过是按照人类自己的观点来制定的标准，是相对的，并不是真理，"去知"是为了突破自身的局限性，物我两忘，最终融于大道。

（三）物化

庄子认为"鸡犬之声相闻，老死不相往来"，主动地切断人与人、人与社会的联系，只是浅层的，单纯地切断外界的影响，还没完全实现个体自由的逍遥境界。《庄子·逍遥游》一篇："北冥有鱼，其名为鲲。鲲之大，不知其几千里也；化而为鸟，其名为鹏。"③提到这个神话，蕴含"物化"的意义，意味着个体要解脱于躯体的束缚，与万物相通。《庄子·知北游》一篇，借孔子之口说出"古之人外化而内不化，今之人内化而外不化，与物化者，一不化者也"，④所谓"与物化者"，就是主体被完全客体化的过程，要求人们在精神上消除欲望，回归自然，把自己视为客观世界中的一个点，自然就不会与别人、

---

① 方勇译注：《庄子》，中华书局2010年版，第53页。
② 方勇译注：《庄子》，中华书局2010年版，第119页。
③ 方勇译注：《庄子》，中华书局2010年版，第2页。
④ 方勇译注：《庄子》，中华书局2010年版，第378页。

与外界有矛盾了。

（四）撄宁

庄子生活在战国中期，正是中国古代社会大变革时期，周天子政权衰颓，诸侯国争夺领地，战乱连年，民不聊生。在黑暗的社会现实中，人人都感到痛苦、恐惧和焦虑，庄子思想产生的背景就是探索如何在乱世中安生，他并没有因困境而绝望，而是采取了一种"撄宁"的态度去应对并超越痛苦。庄子在《大宗师》一篇，提到"撄宁"一词："其为物无不将也，无不迎也，无不毁也，无不成也。其名为撄宁。撄宁也者，撄而后成者也。"[①] "撄"是扰乱、纠缠的意思，"宁"是静止的状态，"撄宁"就是扰动的状态中还能时常静止的意思，"撄宁"既是向往"道"的一种状态，也是达成"道"的一个过程，最终是参悟"道"的一种境界。

四 关于人体环境

从宏观上看，人类赖以生存的自然界即是外环境；从微观上看，直接维持人类生命活动的环境是人体内环境。二者共同作用于人的机体，使人的生命得以延续。

（一）现代医学对人体环境的认识

现代医学范畴内的人体环境概念是指人体组织细胞和器官生活的内部环境，包括血浆、组织液、淋巴液、脑脊液、房水等，以区别于机体赖以生存的外环境。现代西方医学将人体内环境微观化，具体到分子结构水平，认为这些肉眼通过显微镜可以观察到的物质，其改变会影响到人的机体功能。比如张庆富认为，"微循环是人体组织细胞与血液、淋巴液、组织液进行物质交换、能量和信息传递的场所，是人体组织细胞赖以生存的体液环境，是人体器官系统生理功能协调统一的物质基础。微循环运行正常与否，直接关系着人体器官系统生理功能的协调统一，在保障人体正常生理功能以及诱发人体病理变化发挥着重要作用。研究发现，许多疾病的发生和发展与微循环异常有关"[②]。只有在正常范围内，人体内环境才得以稳定，反之，如果微循环发生紊乱，细胞将受到损害，人就可能会患病。只有这些使细胞少受或不受外界环境变化的干扰，保持人体内环境的动态平衡和相对稳定，细胞和器官才能发挥正常的生理

---

① 方勇译注：《庄子》，中华书局2010年版，第105页。
② 张庆富：《亚健康微循环机制假说》，《医学争鸣》2017年第6期。

功能，人体才会健康。

（二）传统医学对人体环境的认识

中国传统医学一直强调"顺应自然""天人合一"，其实说的就是外环境。自然界的种种变化，如动物、植物的生长、死亡、凋零，春夏秋冬、节气更替的气候变化，日升月落、昼夜循环的时间变化，在中医学里都解读为"阴阳"的变化。成书于战国时期的《黄帝内经》，把人与自然界看成一个整体，认为自然界的种种变化，都会影响人体的生命活动，所以道家讲要适应自然变化，避免外界侵袭，提倡"治未病"。《素问·阴阳应象大论》一篇中，所说"阴阳者，天地之道也，万物之纲纪，变化之父母，生杀之本始，神明之府也"，[①]就是指阴阳的变化是自然界万事万物发生发展、生存变化的本源。阴阳交替，就是人体外环境发生变化，反过来使人体内环境发生变化。这种变化，有的会使机体保持平衡稳定，延年益寿，有的则会产生疾病。所以要顺应自然，是人体与外环境实现平衡，进而使人体内环境稳定，提高机体的抗病能力。

（三）人体环境与养生的关系

现代医学认为人的心理疾病包含"躯体"与"情绪"两部分，在传统医学里亦属于"形神"的范畴。"形"是指肌肉、血脉、筋骨、脏腑等组织器官；"神"是以知觉、情感、意志为表象的心理活动。"形神"统一，是一种整体医学观，是指在人的生命中，形式与精神相互依存，相互影响，不可分割。

无论西方现代医学还是中国传统医学都将不健康心理或七情过度列为损伤人体环境的致病因素之一，"形神合一"是这一判断最为准确的论述。《黄帝内经》将形神合一论称为"形与神俱"，养形侧重于动，要顺应自然利其形，调摄饮食养其形，运动锻炼强其形，节欲保精固其形，养神侧重于静，要清心寡欲以宁神、怡情益性以畅神、勤于用脑以健神。练形不忘调神，调神不忘练形。只有动静结合、形神共养，方能"真气从之""形与神俱""形体不敝，精神不散""尽终其天年，度百岁乃去"。[②]"形神合一"强调形与神密切联系的辩证关系，也是整体观念的内涵之一。

[①] 姚春鹏译注：《黄帝内经》，中华书局2010年版，第54页。
[②] 姚春鹏译注：《黄帝内经》，中华书局2010年版，第17页。

五　庄子养生思想对改善人体环境的重要意义

庄子的养生思想属于他的哲学思想范畴，继承和发展了老子的道家思想，对道教养生、中国传统养生思想和后世养生学的兴起并逐渐成熟都具有深刻的影响和指导意义。庄子养生文化中提出的"顺应自然""形神兼养""缘督以为经""持中之道"等观念，符合当代人们追求身心健康、提高生活质量的需要，为现代医学背景下的科学养生提供了理论基础。庄子的养生方法不仅让人的身体更加健康强壮，改善亚健康状态，使人的生命得以延长，还让人的精神更加自由，心理更加健康。综合起来说，庄子的养生思想对于改善人体环境的意义可以归纳为以下几个方面：

（一）有利于疏通经络，改善微循环

庄子的导引功法，即"导行肢体，以通经络"，是一种将肢体运动、调整呼吸和按摩相结合的健身方法。导引能够起到调和气血、疏通经络的功效，通过肢体运动、调息和按摩、拍打，能够使气血沿着经络互相流动，实现改善人体微循环的功效。

导引经过各派的流传，加上中医学的发展，内容逐渐丰富，重视辨证施治、阴阳平衡，形神统一，力求达到天人合一的境界。既可以有以调息、调心为主的静功，还可以有调身、调息为主的动功，还有以中医经络学说和脏腑学说为理论依据的保健功，老年人可以选择补益导引功法，从而达到延长寿命的目的；生病的人可以根据病因选择祛病导引功法，从而使身体逐渐康复；年轻人可以选择运动幅度、强度较大的健身导引功法等。

（二）通过调节心理，消除身体上的痛苦

庄子提出的"心斋"和"坐忘"养生方法，就是对人们心理和灵魂的调整，通过去除内在的欲望和外在的诱惑，进而达到心灵的净化与升华。人们通过"心斋"和"坐忘"的方法来调节心理，逐渐形成不为外物所动、不为俗事所扰的宁静心态，从而缓解外界环境所带来的精神压力，所以说庄子养生具有调节心理的功效。

庄子的养生哲学思想，还可以引导人们建构正确的名利观、生死观，淡泊名利、等观生死，有利于我们的身心健康。当今社会竞争激烈，各方面的压力容易使人产生各种心理疾病。心理健康与否决定着身体机能的好坏，生理和心理都处于健康状态，是人健康的标准，二者缺一不可。庄子养生观点中的内外

兼修原则，是现代科学健身观中身心健康理论的基础。在养生的过程中，如果不能正确处理身心和外界的复杂关系，就不能达到应有的养生效果。庄子养生思想在形神锻炼中注重调节人的自身机能，符合现代科学健身中的身心健康原则，有利于人的健康长寿。

（三）有助于培养良好的生活习惯

庄子认为养生应当遵循形神兼养、顺应自然、动静结合、适量适度的整体观念，其实质就是追求人与自然高度和谐的状态，这与现代健康理念不谋而合。从庄子养生思想中我们可以认识到通过户外运动，与大自然亲密接触，强健体魄的同时，又能使身心愉悦，从而达到养生延年的目的。人体在正常生理情况下，动与静是平衡的，只有相对的平衡运动的变化才有生命的存在。人在调养心神时，应以静为主；在锻炼身体时，应以动为主。动与静均应保持适当的限度，不可过度。人们在日常锻炼中，体力较强的应多动少静，体力较差的应少动多静，从而保持动静的平衡。《黄帝内经·素问·六微旨大论》："成败倚伏，生乎动，动而不已，则变作矣。不生不化，静之期也"，① 是说世间万物的存在与死亡是由动静决定的，一旦动静失去平衡，就会生病。所以，做到劳逸适度、动静结合、适度放松，不仅是一个养生的过程，也是培养良好生活习惯的过程。将养生融入日常生活中，树立正确的养生理念，才能真正实现学习养生方法的意义。生命的质量在于自我保养与调节，只有培养良好的生活习惯，才能预防没有发生之病，从而达到养生的目的。

庄子养生思想是中华传统养生学的精髓和灵魂，也是中华传统文化中的瑰宝，奠定了现代养生理论的基础，符合人民群众追求身体健康的需要。庄子通过阐释生命的意义，力图探求养护生命、强健体魄、提高生命质量的有效途径。他提出了一系列养生理论和方法，通过心理调节、调息吐纳、"心斋""坐忘"等方法来促进人体阴阳平衡，最终改善人体环境。研究庄子的养生思想，会让人淡泊名利，宁静致远，笑对人生的成败得失，增强抵御纷繁复杂的外界环境给人心灵和身体带来负面影响的能力，从而有效地预防和治疗疾病。不可否认，庄子为人类养生健身做出了巨大的贡献，但随着现代养生理论的系统化、科学化，人们对庄子的养生观有了更加科学的认识，依据时代发展的需要，要取其精华弃其糟粕，让其在当今的社会环境中继续如一颗璀璨的明珠一般夺目闪耀。

---

① 姚春鹏译注：《黄帝内经》，中华书局2010年版，第570页。

从庄子的"以道观之"思想看文明共存问题

王昊宇[*]

摘　要：庄子思想由来已久，其理论无论是在古代还是现代，都具有十分重要的借鉴意义。《秋水》篇中庄子对比"以物观之"，提出"以道观之"的思想，主张以整全的"道"来观察万事万物，这恰巧与当今世界文明发展的困境和方向相吻合。本文尝试从"以道观之"的角度，来剖析如何更好地看待当下人类文明的发展。最后，通过习近平总书记提出的世界文明多样性观点，进一步论证了"以道观之"的可行性与优越性。

关键词：庄子　以道观之　文明共存　文明冲突

当今世界文化多样性不断发展，我们甚至可以说，未来所谓的单一普世文化应该很难出现，而更多的则是文明之间的对话与冲突。在人们发现了第二个文明后，不可避免地就会产生，用什么样的态度看待文明与文明的交流模式问题。中国传统哲学中，早在先秦老子时期就提出了"道"的概念，主张以"道"的视角来观察万物，而之后庄子更是在其《秋水》篇中提出"以道观之"思想，进一步提倡从"道"的角度看待万物，以天地万物皆为齐一，不分贵贱。如此，或许我们可以适当地拓宽视野，从古人的智慧中重新审视当前世界所呈现的文明争端。

一　"以道观之"的哲学意涵

"道"作为道家学派的基本观点，在老子看来，"道"既是形上本体，也是人生法则。庄子的"道"继承了老子"道"当中的宇宙本体论，但从一定

---

[*] 王昊宇（1996—　），女，安徽马鞍山人，安徽大学哲学系硕士研究生在读，研究方向为美学。

程度上来说，其更偏重于人与道的关系以及体道之法。

首先，庄子"道"的基本特性是无差别性，无差别即不分人我彼此、消除对立纷争。立足于此，庄子展开了其平等观的思想。"夫道未始有封，言未始有常，为是而有畛也。"①（《齐物论》）庄子认为，道是整体的、无限的，它不受时间空间的影响，然而万事万物在其时间和空间中，都或多或少受到道的制约，并集中体现为道。"物固有所然，物固有所可。无物不然，无物不可。"②（《齐物论》）庄子进而认为，世间万事万物都有其存在的原因、价值及合理性，无论每个个体的命运有什么差别，它们在"道"的层面上都是没有亏欠的。

既然如此，那我们应该以什么样的态度去对待？《秋水》篇庄子通过河伯和北海神的问答对话，终于给我们展现了看待世界的方式方法，即无对待的平等观，而"以道观之，物无贵贱"则是其方式方法的基本逻辑和集中体现。

道家认为"道"是万物的本原，是原始浑朴的总体，所以道又被称作"一""朴""大"。庄子的"以道观之"也可以说是"以本观之""以一观之"，即以大观小，以整体看部分。"以道观之"，"道"不仅仅是"观"的前提，也是"观"的目的，它主张站在道的立场去观物，同时也在观物的过程中去体悟道，加深对道的理解。何谓"观"？庄子的"观"，自然不仅是我们现在所说的"观看"之意，或者一种从实践到认识，再从认识到实践，由感性认识上升到理性认识的过程，而更多的在于一种价值意义上的取向。

对于如何"观"这个问题，庄子也提出了修养之法。如"寥天一"指不以心损道，不以人助天，而此"寥天一"境界的修养方法即"坐忘"。"'何谓坐忘？'颜回曰：'堕肢体，黜聪明，离形去知，同于大通，此谓坐忘。'"③（《大宗师》）坐忘，即通过暂时与俗情世界的绝缘，来忘记仁义、礼智、知识等，以此达到精神世界的绝对自由，以此近于"道"。由此可见，无论是其他的如"丧我""虚己""心斋"等，其都是"以道观之"的其他说法。

"以物观之，自贵而相贱；以俗观之，贵贱不在己。以差观之，因其所大而大之，则万物莫不大；因其所小而小之，则万物莫不小……以功观之，因其所有而有之，而万物莫不有；因其所无而无之，则万物莫不无……以趣观之，

---

① 陈鼓应注译：《庄子今注今译》，中华书局1983年版，第74页。
② 陈鼓应注译：《庄子今注今译》，中华书局1983年版，第61页。
③ 陈鼓应注译：《庄子今注今译》，中华书局1983年版，第205页。

因其所然而然之，则万物莫不然；因其所非而非之，则万物莫不非。"①（《秋水》）

对比"以道观之"，庄子还列举了其他几种"观"法。其中"以差观之""以功观之""以趣观之"都可以归类为"以物观之"，即从事物的外在、功用、大小或亲疏远近等差别，来看待事物的取向或价值。从一定层面上来看，这都是不客观的，因为它没有看到宇宙万物都是依据于道，并且最终要返回于道的特性。它过于强调万事万物的差别对立，所以停留于表象之中，没有上升到大道的整体。

相较之下，"以道观之"便是对此局限认知的一种超越。天地万物虽然有大小、高低等差别，但过分拘泥于此便也就无法与整个大道相契合了。"以道观之"正是超越了这种由部分看整体、以个别看全部的局限性，从而实现了由整体对部分的超越，其蕴含了将万事万物甚至宇宙，都融会贯通为"一"的思维模式。

万物的生命是道这个宇宙大生命的发用流行，道是无限的，因而万物的生命也是无限的。我们并不会好昼恶夜，所以也无须好生恶死，因为生死也不过如同昼夜的更替。如此这般，便也就接近和领悟了大道，解放了为形躯所束缚的小我，而成为与道契合的大我了。

二 当今文明发展的现状和困境

随着物质水平和科学技术的日益提升，21世纪的世界更逐渐向着"全球村"的方向发展。无论经济或文化，各个国家之间的联系都变得越来越紧密。然而，伴随着全球化的浪潮高涨，其所带来的影响也逐渐显露，如文化霸权等也愈演愈烈。作为现今世界最大经济体的美国，自然不会放弃在文明上的领导权，而电影的传播就是其在文化霸权上的"领头兵"。据近年有人统计，美国电影生产总量虽然只占世界电影产量的6%—7%，但其放映时间占据了世界总放映时间的50%以上。通过电影等其他文化输出的潜移默化，甚至所谓"西方文化至上"以及鼓吹"美国优越"的观点也慢慢出现。如日裔美人法兰西斯·福山"历史终结论"认为，共产主义已经在无可避免地逐渐走向衰亡，而世界最终的发展方向只会有一条，那就是西方的政治体制和市场经济。非洲的

---

① 陈鼓应注译：《庄子今注今译》，中华书局1983年版，第420—421页。

利比里亚，从宪法到国旗几乎都全部照搬美国，讽刺的是却并没有延续其辉煌，至今依旧是世界上最贫穷的国家之一。

建立所谓单一的、普世的文明，其观念已经被证明本身就是错误的。而随着地球的距离越来越近，实际上"全球化"又间接带来了"原初纽带"的强烈依恋，即个人身份文化认同的意识。美国教授杜维明认为，"原初纽带"不可能被随心所欲抛弃，并且在界定我们自我身份中起着越来越重要的作用。[①]所以在当前，更重要的是如何在不同民族文化发展的背景下，看待文明之间的共存和交流模式。

就目前世界的文明来看，冲突其实是非常频繁的，而产生这种冲突的最深层次根源，则是当人们看待文明时，总是习惯于把自己视为世界的中心，把自己的历史置于人类历史的舞台。这种偏执的、固守己见的看法，又往往会将文明推向另一个极端。如以色列和巴勒斯坦的冲突问题，双方皆主张消灭对方，认为对方并非真正的民族，没有权利建国。这里的对立旷日持久、复杂多变，还牵连伊斯兰教和犹太教的争端，双方连最基本的文明容忍都很难做到，更不论对话共存交流了。

一味地排他发展到最后就是封闭主义，是一种妄自尊大的顽固，也注定不会有好结果。例如从基督教与佛教在中国传播命运的迥异来看，基督教虽然从唐初就在中国传播，但直到现在仍然属于异质文化，而佛教却早早在中国扎根发芽，甚至一度成为中国文化主流之一。

1840年鸦片战争后，本是基督教非常好的传教时机，西方教会也投入了大量的时间、金钱和精力，但在其传播过程中，始终以基督教文化优越于其他低劣文化自居。再加上一系列过于暴力和强硬的手段，以及不考虑与中国文化自身的结合和在中国肆无忌惮地侵略掠夺，更加激化了国人内心的排外情绪，所以结果也事与愿违，中国不仅没有如他们所预想的那样被基督化，反而在20世纪爆发了反基督运动，导致大批基督传教士被迫撤离。反观佛教，它是以"牺牲"自己的方法即佛教中国化，来融入中国传统的本土文化的。无论是其初传中国时，与封建王权接触后教义上的妥协，还是之后融合魏晋玄学"有""无"之道的"般若学"，以及吸收儒道、建立在老庄思想上的禅宗，都体现了佛教汲取有益养分并积极融合改进自身的特长。

---

① 杜维明、刘德斌：《文明对话的语境：全球化与多样性》，《史学集刊》2002年第1期。

从美国政治学家亨廷顿1993年提出"文明冲突理论"开始,人们现在越来越重视文明对话和共存问题,联合国也将2001年确定为"文明对话年"。很多学者也看到,要想促使各个民族文化在全球化背景下发展,必须通过对话建立人类命运共同体,对话是为了庆祝多样性,即"celebration of diversity",实际上与庄子的价值观念"以道观之"不谋而合。

三 以"道"观"文明"

"以道观之,何贵何贱……泛泛乎其若四方之无穷,其无所畛域。兼怀万物,其孰承翼?是谓无方。万物一齐,孰短孰长?"①(《秋水》)庄子在《秋水》篇中认为,以整全的大道去省视天地万物时,万物自然不存在优劣之分。因为从道的观点来看,事物是没有什么所谓贵贱之分的。贵与贱的说法,不过是个体师心自用的一种表现,这实际上也正好与当今中国要构建人类命运共同体的文明观相契合。

世界的几大文明体系,无论是西方文明还是东方文明,不管是印度文明或者非洲文明,当我们超脱于彼此的立场"以道观之"时,也都应该看到,不存在谁更高贵或谁更低贱的问题。相比之下,"以物观之"的局限性就在于,其过于强调文明之间的种种差别相,加剧了彼此的纷争。以差观之、以功观之、以趣观之皆为具体拘泥相的一种,所以它们在看待事物时都缺乏一定的判断力。以差观之过于停留在文明的优劣和好坏;以功观之则仅仅停滞于文明的功用和有无;以趣观之则只在乎文明的取向以及对错。

有鉴于此,知道了种种弊端我们又该如何去解决这一问题?《齐物论》中庄子提出"莫若以明"的认知方法,即主张以此明彼,以彼明此。以虚静之心观照万物存在的合理性,撇开成见,学会站在他人的角度去思考和处理问题。

首先是"丧我",即去除"成心"(成见),摒弃我执,从而达到忘记自身、不固执己见之境界。方东美认为,这是庄子讲"精神平等"的第一步,忘记"小我"而成全"大我"。② 以文明而言,即我们首先不能独断地把自己的文明置放于其他文明之上,要抛弃"我"对于自身文明的"我执"。"丧我"是打破自身局限的第一步,也是体"道"的前提。不"丧我"又如何才能以圣人的立场看待其他的文明,扬弃自身的文明。

---

① 陈鼓应注译:《庄子今注今译》,中华书局1983年版,第424—425页。
② 方东美编:《原始儒家道家哲学》,中华书局2012年版。

"物无非彼，物无非是。自彼则不见，自是则知之。"①（《齐物论》）庄子又进一步提出了"齐是非"，"是非""彼此"的概念都是相对而生的，不管从哪一方面去看，都只能看到局部"方面"的内容。我们不要拘泥"是"和"非"这两个方面，因为万物皆有是非两面，而这两面又是相互依存的，并且在此是非二者之下，又可以划分出更多的是非分支。同样争论也是没有意义的，"既使我与若辩矣，若胜我，我不若胜，若果是也，我果非也邪？"②（《齐物论》）不管争论是谁赢了或者请第三方来判断，结果也只是莫衷一是，并不能作为事物判定的标准。但"道"不同，它是"是非""彼此"的枢纽，处在最高的位置，居于正中，所以洞悉一切，才能没有偏见。

庄子的"道"是一个整体，"道通为一"。万物虽然有着表象上的差别，但它们都是相互沟通、适应并且最后在价值上是齐一的。同理，世界各民族各国家之间的文明文化，虽然各有不同，但也是可以实现共存的。而实现共存的方法，则是应该和平对等地交流与沟通，构建人类命运共同体。在这个纷繁复杂、多姿多彩的世界中，文明应该是百花齐放、千姿百态的。不同国家不同民族的人，创造了不同的文明，这些文明自身都应该有属于自身的价值。倘若文明无法做到交流，而只是单纯的征服与被征服的关系，那么文明存在的意义又是什么？

四 世界文明的多样性

古代中国的儒家和墨家，其实同样也曾提出过类似的观点，如"和而不同"以及"兼爱"等，强调兼容并蓄，庄子的"以道观之"则是从另外的角度来论证事物的价值以及共存问题。

迈入 21 世纪，走进新时代的中国对文明问题同样不曾忽视。习近平总书记曾对文明有过这三个形容词：多彩、平等以及包容。他指出，世界文明多样性是推动人类社会进步的必经之路，缺少多样性的世界文明，就会如同失去生态平衡的大自然，而这最终所导致的结果，就是人类自身的灭亡。所以各种不同文明之间，只有实现平等的对话与沟通，才能够解决这种文明本身所具有的差异性。

习近平总书记所提出的世界文明多样性这一观点，有着十分重要的价值和

---

① 陈鼓应注译：《庄子今注今译》，中华书局 1983 年版，第 54 页。
② 陈鼓应注译：《庄子今注今译》，中华书局 1983 年版，第 88 页。

意义。我们如今所处的世界，是一个信息发达、彼此联系的世界，不可能仅仅存在着一种文明制度或者文化方式。不同民族、不同国家之间由于历史的客观因素，或多或少会导致其与现实世界的联系有所不同。所以我们不应该将自身局限在一个狭小的空间之内，故步自封，仅仅以外物的功用、大小等差别相来判定事物存在的价值高低。

文明没有高低贵贱之分，也没有优等低劣一说，当我们换一种角度，在以整全的"道"的观点上来观察万事万物时，才能够真正地实现文明之间的对话与沟通，实现世界文明的多样性。

庄学研究

漫谈庄子意象思维与创造性启示

孟祥运[*]

摘　要：本文首先介绍了中国意象思维中取象比类法、象数和谐法的特点及作用。接着从庄子审美情趣、庄子无用之用、庄子大眼界、庄子转换视角、庄子忘我思想五个方面阐述庄子的意象思维及其创造性启示。认为庄子的意象思维，为人类的想象插上腾飞的翅膀，从而极大地开启了人类的创造性智慧。最后认为创造性启示还需要内在的儒释道综合修养，并指出中华文化的生命力，更在于从保持传统的人文之道，走向跨文理学科的科学之道，直至迈向跨中西文化的创造之道。

关键词：庄子　意象思维

庄子是道家学说的主要创始人，与道家始祖老子并称为"老庄"，然文采更胜老子。庄子的想象力极为丰富，意象思维活跃，审美逻辑多彩，语言灵活多变，能把一些微妙难言的哲理说得引人入胜。他的作品被人称为"文学的哲学，哲学的文学"，其哲学核心是追求精神的绝对自由。正所谓天高任鸟飞，海阔凭鱼跃，庄子意象思维中追求的精神自由，为人类的想象插上腾飞的翅膀，从而极大地开启了人类的创新智慧，影响了后世的人文科学。

一　中国意象（直觉）思维特点及作用

思维和存在的关系问题是哲学的基本问题，存在代表天，思维代表人，概念思维和意象思维作为最基本的思维方式，是人类思维的两翼，人类的创造活动都是思维两翼齐飞的结果。根据脑科学界的研究成果，人的思维分为左脑逻辑思维、右脑形象思维，左脑主要侧重于数理方面的分析，右脑主要侧重于艺

---

[*] 孟祥运，中共党员，大学文化，《安徽日报》通讯员。

术方面的才情。可以说，人类的思维成果就是左右脑相互补充、相互作用、相互促进的结果。

1. 意象思维的特点。中国古代先民主要运用象征的方式表述宇宙人生的根本原理，在他们的思维习惯里，一直是意象思维占据主要地位的。意象思维就是以立象尽意为基础的思维方式，是一种超越感性和理性的直观方法。其特征是从总体上模糊而直接地把握对象的本质，而这种模糊而直接的把握与感性形象、符号是离不开的，其中阴阳、五行、八卦是其典型的代表，主要通过想象、联想、比拟，沟通感性符号或概念。其基本方法：一是取象比类法，即是把形象相似和相关的事物，通过比喻、象征等方法，使之成为可以理解的东西，达到立象尽意的思维结果。《周易》的系辞传里讲，古代的圣人"近取诸身，远取诸物，于是始作八卦，以通神明之德，以类万物之情"。经过譬喻，由"近"来思考"远"，由具体来思考抽象。二是象数和谐法，即以象和数为基础，通过对思维对象整体上和谐完美程度的比较审视，由不完美求得完美，由已知推出未知的思维过程。象征、类比是意象思维的主要表达方式。

取象比类法、象数和谐法本质是一种审美推理方法，其包含想象、直觉、灵感三要素。想象即是头脑里拟想出可以感觉到的事物的能力，是组成审美逻辑的基石。直觉即是没有分析过程对对象做出直感判断，是一种由个人禀赋、长期经验、外力启示等多种复杂因素共同作用产生的一种人的本能的感觉，是只可意会而不能言传的精神意识。创造中的直觉就是没有完整的形式逻辑过程伴随，而发生的对想象组合瞬时的、直接的选择。灵感是想象和直觉的矛盾运动达到高度统一的一种理智和感情异常活跃的状态。

取象比类法、象数和谐法的核心是丰富的联想。联想是指人们从已知领域出发，在头脑中将某一事物的形象、特征或其他属性与其他相关事物联系起来，探索它们之间共同的或类似的规律，从而解决问题的一种思维形式。联想分积极想象和消极想象，消极想象是简单保存对事物的印象；积极想象是对意象千变万化的排列组合，是创造性想象的本质特征。丰富的联想让人海阔天空，抛弃陈规束缚，由此及彼传导，发散空间无穷，它是打开因循守旧顽固堡垒的第一个突破口。张岱年先生在《中国思维偏向》一书中从总体上描述了中国传统哲学思维方式，包括整体思维、直觉思维、模糊思维、阴阳五行模式等。其中整体、意象和模糊思维是不可分离的，都来源于人们丰富的联想。

总之，从中华文化的角度说，直觉和领悟是中国传统哲学认识论的焦点问题，不可言传、缄默之知、默识、意会、顿悟等与直觉相关的内容，是中国传统哲学的核心思想。

2. 意象思维的作用。意象思维在创造活动中起到了启迪、开拓思维的作用，并能引导科学发现。科学发展过程很复杂，面临很多变量，一些科学家认为，审美也是导致科学发展非常重要的动机，甚至是更重要的动机。比如狄拉克说：使一个方程具有美感比使它去符合实验更重要。量子力学的创始人之一海森堡说：当大自然把我们引向一个前所未有的和异常美丽的数学形式时，我们就不得不相信它们是真的。美国天文学家黑尔说：一个缺乏想象力的人，无论从事工程或美术、文艺、自然科学等，都不会做出创造性成绩来。爱因斯坦说：想象力比知识更重要，因为知识是有限的，而想象力概括着世界上的一切，推动着进步，并且是知识进化的源泉。他还认为，所有的重大发明都首先来自直觉思维。钱学森说：科学上任何小的前进，都要先有一个设想，而这个设想的产生是和直觉思维有关的，现在思维科学研究的重点，应放在直觉思维上。因此，当下创造中我们要高度重视直觉思维的作用，做到有意识地利用直觉思维，努力让审美逻辑在整个科学发展过程中起到非常重要的作用。

二　庄子意象思维与创造性启示

庄子推崇意象思维，认为知而不言，言者不知，主张心斋、坐忘，用排除知识欲望之后的心去直接体悟宇宙的真谛，即是以"心"为审美活动的方法。他追求精神的自由、万物的平等、人生的境界，崇尚自然无为等生活理想和情趣，将现实人生点化为艺术人生。他通过意象思维的方法揭示着深刻的理性道理，从这一角度说，庄子是处在理性思维的高级阶段。他那丰富联想的意象思维及其所遵循的审美逻辑，对后世文学艺术创作乃至科学创新都具有深远的影响。

1. 庄子审美情趣有利于激发人的文艺创造性。《庄子》一书虽属哲学范畴，但没有抽象的说教，而是运用丰富的意象、大量的寓言、奇特的构思和大胆的夸张表达深奥的哲理。他所塑造的意象可谓奇特诡异、姿态横生。他散文中的意象与神话有着密不可分的联系，多是用寓言作为载体出现的，他的寓言就是意象的大观园，其动物意象、植物意象、人物意象等诸多意象异彩纷呈。正如刘熙载在《艺概·文概》中评价：意出尘外，怪生笔端。例如在对鸟的意象的塑造上，就赋予了鸟自由、不死等新意，在对鱼的描写中不仅还原了鱼的本性，还创造性地赋予其自由、永恒、互化的内涵。可以说，庄子散文的各种意象不仅增强了文章的浪漫色彩，而且也深化了他的哲学理念。

庄子说：虚室生白，吉祥止止。即是说，心无任何杂念，就会悟出"道"来，生出智慧。即是说虚中方能生出清澈明朗的境界。如中国绘画就大量运用了此方法。意境美是中国绘画艺术之灵魂，在中国绘画的传统技法中，虚是指画面中笔画稀疏的部分或留白的部分，它给人以想象的空间，让人回味无穷。实，是指图画中勾画出的实物、实景以及笔画细致丰富的地方。虚实与有无、阴阳等抽象概念取得了沟通，从而使其范畴在精神层面上得到了极大的拓展与升华。一代美学大师宗白华认为，"实"是艺术家所创造的具体形象，"虚"是欣赏者被引发的想象，虚和实的问题是一个哲学宇宙观的问题。

庄子认为美的最高境界是囊括宇宙、超越时空、无限广大和自由的美，也即他在《天道》篇中所言"大"之美：舜曰："美则美矣，而未大也。"美而大，才是真正的美、理想的美。庄子认同这样一种观念：曾经的美好固然令人留恋，但不要对任何具体之美产生依赖，对具体之美的依赖会因时过境迁而陷入局限、不能自拔。而且，这种局限不仅使旧的具体之美不复存在，还会使新的具体之美无法生成。对于具体之美，更重要的是"乘"着生生不息的大道进行永无止境的创造。用现代美学术语说就是，审美主体要认识到各种美的具体有限性，从而要通过不断克服有限性，来促使审美无限生成。

这一美学思想在他的《秋水》中得到更加形象和具体的发挥，河伯扬扬自得地观赏浩荡奔腾的河水，错误地"以天下之美为尽在己"，但当他面对无限广大的大海之美时，就感到河水的有限之美是渺小而不足道了。《逍遥游》中描绘的硕大的大鹏形象，《人间世》中"其大蔽数千牛，絜之百围，其高临山十仞而后有枝，其可以为舟者旁十数"的"栎社树"形象，以及不食五谷、云游四海、逍遥自在、永不衰老的藐姑射山神人的形象等，都是庄子认为的空间与时间、物质与精神上无限自由伟大的美。当然，在庄子看来，大美的极致是无所不至、无所不包的"道"。他认为"夫道，覆载万物者也，洋洋乎大哉！"（《天地》）即"道"不仅大而美，而且是一切美的终极根因。

庄子的这种审美观深刻影响着后人的生活和文学艺术追求。如魏晋等士人热爱自然、寄情山水的率真、洒脱的自然审美观就大受其影响。苏轼从小就崇尚庄子，受道家思想影响甚深。尤其是经历贬谪漂泊和人生挫折后，他更深谙政治斗争中不可避免的阴暗和险恶，感受到人生的无奈，也就对庄子哲学更心领神会，更向往庄子不为外物之得失荣辱所累的人生境界。可以说，庄子齐万物一死生的齐物论思想，轻视有限时空，超然物外的"无求"境界，顺应自然、抱真守朴、虚静淡泊的人格追求等，都对苏轼有深刻的影响。他的《临江仙（辛未离杭至润，别张弼秉道）》一词："我劝髯张归去好，从来自己忘情。尘心消尽道心平。江南与塞北，何处不堪行。俎豆庚桑真过矣，凭君说与南荣。愿闻吴越报丰登。君王如有问，结袜赖王生。"这是一首赠别词，上片直抒情怀，表达对悲欢离合的超越。下片借《庄子》语典，表达对名声的超越。整首词既体现了庄子哲学抱真守朴的思想，又表达出苏轼重情重义、关心民生而超然物外的人生境界。

郭沫若在1940年发表的一篇文章中，详细列举了鲁迅在词语、题材方面对《庄子》的引用，指出鲁迅爱用庄子所独有的词汇，爱引庄子的话，爱取《庄子》书中的故事为题材而从事创作。在文辞上赞美过庄子，在思想上也不免受庄子的影响。

总之，人类的审美具有共通性。哲学家康德说：美是一种没有目的的快乐。当代美学家李泽厚认为：美来自自然性与社会性的交融，个体与群体的统一，理性和感性的碰撞。美，有它的自生法则。在美学层面上，但凡伟大的作品，或是让人感到愉悦的美都不是刻意为之。如果不懂无用之美，没有一颗感知万物的心，就感受不到"感时花溅泪，恨别鸟惊心"的细腻哀伤；不会懂得"疏影横斜水清浅，暗香浮动月黄昏"的唯美意境；也品不出"星垂平野阔，月涌大江流"的磅礴和开阔。在举国上下都在为实现中华民族伟大复兴中国梦砥砺奋斗的今天，我们的文艺工作者更应学习借鉴庄子等古代先贤的审美观，努力创造出更多不负时代特色的新文化。

2. 庄子无用之用有利于启发人的创造性。庄子《人间世》有一则故事，庄子与弟子走到一座山脚下，看见一株大树，枝繁叶茂，耸立在大溪旁。庄子问伐木者，这么高大的树木，怎么没人砍伐。伐木者似对此树不屑一顾道：这何足为奇？此树是一种不中用的木材。用来做舟船，则沉于水；用来做棺材，则很快腐烂；用来做器具，则容易毁坏；用来做门窗，则脂液不干；用来做柱子，则易受虫蚀，此乃不成材之木。不材之木也，无所可用，故能有如此之寿。听了此话，庄子说：树不成材，方可免祸；人不成才，亦可保身也。人皆知有用之用，却不知无用之用也。弟子恍然大悟，点头不已。天生万物，各有不同，人生在世，各有活法，不同的标准下，有着不同的价值。

它启示人们，有用和无用只是相对的，有时看似无用的东西，经过转换却往往有着意想不到的大用。历史上像爱因斯坦、华罗庚等很多科学家都有着拉琴、唱歌、吟诗、作画等一些看似无用的爱好，可正是这些文艺爱好，丰富了这些科学家的内心世界，提升了他们的人生境界，激发了他们更多的创造灵感，从而最终成就了他们真正的科学大家地位。相反，很多人本着有用的态度，盲目地读那些成功学的书，不读与之无关的无用之书，这样就往往造成他们在为人处世中，视野不宽、境界不高，难有大的成功机会。

亚里士多德有一句名言：他们是为了科学而追求科学，并不是以某种实用为目的。即科学纯粹为了知识本身而设立的。以欧几里得为例，有一个学生跟他学了几天几何就问，老师我们学这个东西有什么用？脾气一贯很好的欧几里得勃然大怒，"你骂谁呢？我怎么会教你有用的东西，我教你的完全是无用的东西"。越是无用的东西越是纯粹、越是高贵，越是真正的科学。用无用的态度去做事，总会收到意想不到的惊喜和精神的愉悦。从现实的角度而言，很多发现创新，既没有功利经世之用，也不能当衣穿当饭吃，但它却能满足物质之上的精神需求，给人以精神上的愉悦。希腊人真正把无用的、自由的、纯粹的科学作为真正的科学，从而为后期西方科学的发展奠定了坚实的基础。

无用教育方是重要的教育。耶鲁大学校长莱文是享誉全球的教育家，他曾说过：如果一个学生从耶鲁大学毕业后，居然拥有了某种很专业的知识和技能，这是耶鲁教育最大的失败。他认为专业的知识和技能，不是耶鲁大学教育的任务，而是学生们根据自己的意愿，在大学毕业后才需要去学习和掌握的东西。在莱文看来，本科教育的核心是通识，通识教育即自由教育，是对心灵的自由滋养，其核心是——自由的精神、公民的责任、远大的志向。即学生自由地发挥个人潜质，自由地选择学习方向，不为功利所累，为生命的成长确定方向，为社会、为人类的进步做出贡献，这才是莱文心目中耶鲁教育的目的。实践证明耶鲁大学这种不教知识和技能，看似无用的教育，却能让学生胜任任何学科和职业。可遗憾的是我们目前的教育过分地功利化，我们的学生严重缺乏对真理本身的热情、对道德修养的追求、对宇宙奥秘不可遏制的探索冲动。所以摆在我们面前最大的问题是要把这种基于自由的科学精神和崇德向善的人文教养融入我们中华民族仁爱、智慧的土壤中去。

3. 庄子大眼界有利于启发人的创造性。《庄子》文章汪洋恣肆，诙谐雄伟，妙趣横生，想象力强，尤长以形象譬喻表现深邃之哲思。如《庄子·秋水》就是一篇内容丰富、启发性很强的文章。文章以黄河之神河伯与海神海若对话的形式发端。秋水上涨，澎湃汹涌，烟波浩渺，河伯因此自以为大得了不起。他扬扬自得地顺流东下，来到了海边，亲眼见到大海无边无际，才自叹弗如，并诚恳而惭愧地向海若检讨了自己自高自大的过失。接着，海若以智者和哲人的口气，用具体事物作比，讲述了宇宙无穷大、物种无限多的"大理"，指出人的思想认识很容易因客观环境的局限而受限，从而自满、自大、自多起来。文章认为要克服"自多"的毛病，就要跳出自己狭隘的生活范围，放眼去看看宇宙间的万事万物，见见自身以外的大世界，这样便会感觉到自己的渺小，产生"方存乎见少，又奚以自多"的自觉意识，养成纳万川、不自盈的博大胸怀。它启示人们，骄傲自满、目光短浅、故步自封的认识局限，很容易导致人们思想僵化，使其不愿意接受新思想、新事物，从而阻碍了社会的创新发展。

再如，《庄子·逍遥游》认为：小知不及大知，小年不及大年。朝菌不知晦朔，蟪蛄不知春秋。即是说，生命与生命之间的区别，往往在于寿命的长短，所以朝生暮死的菌菇永远不懂白天与黑夜，寒蝉不懂春秋年月的变化。它启示人们，人与人之间的区别，往往在于智慧的多少、眼界的高低，有的人只在乎眼前的利益，自然前途有限；而有的人心怀鸿鹄之志，有远大的抱负，自然不会计较一时的得失，而是能够站在更高的角度看待事情，从而能生发出更多更好的创造性想法。可以说，当你拥有天人合一的逍遥境界时，心就大了，看事物就有大眼光、大格局、大境界，就能看到别人看不到的远方，任正非的成功，就是很好的例证。

4. 庄子转换视角有利于启发人的创造性。《庄子·杂篇》中戴晋人向魏惠王讲了一个寓言故事：有一种爬虫叫作蜗牛，它的左角上有一个国家，叫作触氏，右角上也有一个国家，叫作蛮氏。两国经常因互相争夺土地而开战，"伏尸数万，逐北旬有五日而后返"。魏惠王听了，指出这则寓言是虚构的。戴晋人说："臣请为君实之。"于是接着向魏惠王问了下面的问题：君王认为四方上下有穷尽吗？魏惠王回答说：无穷尽。"从无穷尽的地方遨游回来，回到四海九州，感觉若存若亡吗？"魏惠王说："是。""在四海九州中有一个魏国，在魏国中有一个大梁城，在大梁城中有一个君王。君王与触氏蛮氏有区别吗？"魏惠王说："没有分别。"戴晋人出了门，留下魏惠王独坐在那里，怅然若有所失。

蜗牛，在人们看来是最微贱的动物了，更何况它的两只触角。但是庄子让魏惠王感到了他的存在与蜗牛并无不同。认为魏惠王自以为难以克制的仇怨，与蜗牛触角上两国激烈的大战一样。这里，庄子使用了"转换视角"和"大尺度对比"的手法。通过这种手法，给人以无限的遐思，使人在无限的时空之中幡然醒悟——既然你看蜗牛触角上的两个国家为屁大点事打得头破血流，觉得很可笑，那么以更大的视角来看，你们魏齐两国之间的那点恩怨，不也是荒谬可笑的吗？

由此可知，用不同的眼光，从不同的角度思考问题，往往会大有差异。对待事物，要主动探究事理，从不同的角度来思考，有时要让思维拐个弯，往往就会有新的觉悟和发现。因此，无论遇到什么难题，我们都要用善于发现的眼睛去探索事物最大的内在价值，不断转换角度思考问题，在比较中找出特点，提出方案，这样往往就能创造性地解决新问题，产生新价值。

5. 庄子忘我思想有利于启发人的创造性。《庄子·达生》中关于梓庆削木的故事中说出了一些成功之道。梓庆为鲁侯制作鐻（乐器的挂架），看到的人无不赞叹其手艺。他的技巧就是悟出了一个行事运作之道，先要心斋多日，没有一点杂念，全神贯注在制作上。以心神与自然树木相符合，去选木料制作鐻，稍加修饰，器成就可巧夺天工。梓庆的以鐻的形体与树干的形体在心里互相吻合而取材的道理，就是庄子的顺应自然、以天合天的理念。它启示人们，很多时候我们难以创新，无法达到目标，不是因为天赋不好，努力不够，或许是我们忘不掉、放不下的东西太多了。

总之，庄子关于道的理论是继老子之后对中国哲学本体学说的深化，为提高中华民族的思维能力做出了重要贡献。他关于逍遥、齐物的论述是对世俗观念、日常意识的重大超越。他强调万物平等，个性解放，提倡博大宽厚的精神和自由开放的心灵，有助于现代人们思想的活跃和境界的提升。他关于深刻的寓言故事阐述，更有助于启迪智慧，让人过好不一样的人生。他胸怀宇宙，超越自我，摒弃世俗，追求审美，是思索最深刻、精神最纯粹的智者。受其影响，国人在哲学学科上，与其说喜欢遵循逻辑推理的规则去发现真理与公式，不如说更喜欢张开想象的翅膀，以诗意审美、感觉情绪的意象思维去认定创造真理。

三 创造性启示需要内在的综合修养

真正的创新，来自无功利的探索热情，来自无拘无束的自由探索。中国科技大学刘仲林教授认为，真正的创造还需要内在先进的修养，包括儒释道家的修养方法。如创造需要自然和谐，若创造破坏环境，就不符合道法自然，没有生命力。创造需要灭，就是灭掉妄念，若欲望太强，没有平静心态，不能明心见性，反倒妨碍创造，欲速则不达。创造还需要仁，群体合作搞创造，若缺乏仁的调和作用，不能仁心待人，也难以创造出成果。创造更需要有天地的高度，这样才能达到通天人之大创造，即庄子所说的"上与造物者游，而下与外死生无终始者为友"的大境界。所以，创造是一种包括儒释道思想的实践，是在成物中成己，在成己中成物，是在成己、成物中走向圆满的成功。

总之，创新是中国文化的基因，是中国人始终不渝的追求。《周易》说："穷则变，变则通，通则久。"《礼记·中庸》说："苟日新，日日新，又日新。"《淮南子》说：苟利于民，不必法古；苟周于事，不必循旧。习近平总书记说：善于继承，才能更好地创新；不忘本来，才能开辟未来。中华文化的生命力，更在于从保持传统的人文之道，走向跨文理学科的科学之道，直至迈向跨中西文化的创造之道。当下，我们在继承传统文化的基础上，更应该返本开新，充分重视中华传统文化中意象思维的独特优势，努力让其在新时代的创新活动中发挥出更大的启发作用。

庄子思想中蕴含的大国工匠精神及其现代价值

——由品读《庄子》与目及现实所想到的

孟书明[*]

摘　要：本文由品读《庄子》与目及现实并联想古今中外经济社会发展过程中工匠精神给予经济文化发展的正能量效应感而论之，由工匠、工匠精神及其内涵、来源导入，分为庄子思想中蕴含的大国工匠精神及其现代价值、中华传统文化中的工匠精神、工匠精神的传承与发展三部分论述。本文旨在为今天我们认识庄子思想中蕴含的大国工匠文化及其精神以及弘扬工匠精神为助力新时代发展提供有益借鉴。

关键词：工匠　工匠精神　内涵与来源　庄子思想　现代价值

一　工匠及大国工匠精神

简单讲，工匠就是有工艺专长的匠人。这样的匠人，专注于某一领域知识、技艺研究，针对某一领域的知识探究或产品研发、加工过程全身心投入，技艺独到，精益求精，一丝不苟，尽善尽美地完成整个工序的每一个环节。

大国工匠精神（以下称"工匠精神"），就是体现在工匠身上的一种精神气质。指工匠对自己专注于某一领域知识的探究或对产品精雕细琢、精益求精的精神理念。尤其是着重于某一产品的精雕细刻的工匠们，喜欢不断孜孜以求地雕琢自己的产品，不断改善自己的工艺，享受着产品在双手中完善、升华的过程。工匠精神的目标是打造本领域本行业最优质、其他同行无法匹敌的卓越产品。概括起来，工匠精神就是品质至上、崇尚卓越的创造精神，追求完美、精益求精的品质精神、用户至上的服务精神。

---

[*] 孟书明，男，河南省舞钢市人，中共党员，本科学历，从事教育教学管理工作40年。

在当下心浮气躁的背景下，人们追求那些投资少、周期短、见效快的所谓"短、平、快"项目带来的即时效益，尤其是一些做生产、建筑的企业管理者往往忽略了产品内在的品质灵魂。因此，做实业的企业更需要工匠精神，走健康、稳步、持续发展之路，才能在长期的竞争中最终获得成功。坚持工匠精神，依靠信念、信仰和执着，使产品不断改进、不断完善、不断提升，最终，通过高标准要求，经过"凤凰涅槃"的磨砺之后，成为众多用户的骄傲，有了这样的心志和坚守，无论成功与否，在这个不断雕琢自己的产品、不断改善自己的工艺、享受着产品在双手中升华的过程中，工匠们对细节有很高要求，追求完美和极致，对精品有着执着的坚持和追求，把品质从99%提高到99.99%，其利虽微，品质却卓尔不群，超越同类同种，且能够长久造福于世。他们这种精神层面上的追求是享受的，是脱俗的，也是积极正面的。

二 工匠精神的内涵

工匠精神之所以显得难能可贵，主要是因其具备了以下内涵。

1. 精益求精

注重细节，追求完美到极致境界，不惜花费时间精力，孜孜以求，孜孜不倦，着力雕琢，反复磨砺，反复改进、完善、提升产品。

2. 一丝不苟

严谨，绝不苟且，不投机取巧，必须确保每个产品部件的质量，以追求"极致"的心志和行为对待产品质量。

3. 专注、耐心

坚持坚守，在不断提升产品质量的同时，着力服务质量的提升。因为真正的工匠在专业领域上绝对不会停止追求进步，无论是使用的材料、设计还是生产流程，都在不断完善。

4. 专业、敬业

工匠精神的目标是打造本行业最优质的产品，其他同行无法匹敌的卓越产品。

5. 淡泊名利

用心做一件事情，这种行为来自内心的热爱与敬畏，源于灵魂的本真，不图名利，不哗众取宠，只是单纯地想把一件事情做到尽善尽美的极致境界。

三 工匠精神的来源

在《诗经·国风·卫风·淇澳》篇中有这样的记述："有匪君子，如切如磋，如琢如磨。"意思是说，君子的自我修养就像加工骨器，切了还要磋；就像加工玉器，琢了还得磨！可见，关于工匠孜孜以求的功夫和精神早有记载。在中华五千年文明进程中，一代又一代工匠孜孜不倦地追求"技道合一"，把对技艺的浸淫、对作品的虔敬、对人情的体察、对自然的敬畏，以匠心之巧思，倾注于制作过程，才创造出了绚烂辉煌的中国古代科技文明，形成了中华"工匠精神"。

谈到工匠精神，一些人往往陷入一个误区，言必称日、德。这其实是对中华传统文化中的工匠文化及其精神缺乏了解。以精益求精为核心的工匠精神在世界各国文化中都能找到其根源，但各个国家由于自然资源、民族特性、历史文化的不同，形成了本国工匠文化的特征。日本、德国等西方工业强国背后的工匠文化各有特色，值得我们学习和借鉴，但我们中华工匠文化及其蕴含的工匠精神丰厚无比，大可不必妄自菲薄。中华文明辉煌璀璨，在很长一段历史时期内，世界各国持续着对中华文明的尊崇，掀起了经久不衰的"东方热"。除了包括工匠文化在内的中华文化本身博大精深之外，最直观的莫过于那些令人惊叹、精美冠绝的中国器物，丝绸、瓷器、茶叶、漆器、金银器等产品曾是世界各国王宫贵族和富裕阶层最受追捧的宠儿。天工开物，随物赋形。中国古代一代又一代的工匠们，他们口口相传、手手相传，把自己的一生奉献给了一门职业，执着于一件技艺完善升华，把自己的聪明才智发挥到极致，把工匠文化及其蕴含的工匠精神附着于精美绝伦的作品，世代相传，不仅是中华民族宝贵的物质财富，也给中华文明打下了不可磨灭的文化印记。

工匠精神在中国自古有之。中国工匠群体从历史时间轴的起点伊始，不断积聚着力量，凝集着中华民族的工匠精神，一步一步跨过历史时空，留下了令世界惊叹的造物技艺。我们今天从各类史料记载之中仍然可以窥见古代工匠们一道道孜孜以求的坚韧的身影。早在四千余年之前，便出现了有史可载的工匠精神的萌芽。《史记·十二本纪·五帝本纪》记载：相传"舜耕历山，历山之人皆让畔；渔雷泽，雷泽之人皆让居；陶河滨，河滨器皆不苦窳（贬义词，有粗劣、质量很差之意）。一年而所居成聚，二年成邑，三年成都"。意思是说，舜在历山耕种，历山的人都让他在河畔耕种；在雷泽捕鱼，雷泽的人都让他居住；在河滨制陶，在那里的陶器没有不好的。一年后他所居住的地方人们就聚集起来，两年后成了一个小镇，三年后就成了一个都市。这段记载表明舜早年在河滨制陶时，追求精工细作，并以此带动周围的人制作陶器并杜绝粗制滥造的事迹。自舜帝时期开始，再到夏朝的"奚仲"①，商朝的"傅说"②，工匠开始大量出现在史书之中，其演变历史也随着中国古代政治、文化、商业、科技等领域的发展而不断推进，由此形成了中国独特悠久的工匠文化和工匠精神。

工匠一词最早指的就是手工业者，在古代"工匠"被称为"百工"，是社会成员之一。《周礼·考工记》是中国已知年代最久远的手工业技术文献，在中国工艺美术史、科技史、文化史上有着举足轻重的地位，在当时的世界上也是独一无二的。全书共7100余字，记述了春秋战国时期官营手工业中的木工、金工、皮革、染色、刮磨、陶瓷等六大类30个工种的内容，反映了当时工匠们所达到的科技、工艺水平。

《周礼·考工记》把当时的社会成员划分为"王公、大夫、百工、农夫、妇功、商旅"六大类，对百工的职责做了明确界定："审曲面势，以饬五材，以辨民器，谓之百工"，也就是说工匠的职责是需要充分了解自然物材的形状和性能，对原材料进行辨别挑选，加工成各种器具供人所用，这种职业特性从本质上把工匠和那些"坐而论道"的王公大夫区别开来，工匠成为当时除巫职之外的一个重要的专业阶层。同时，《周礼·考工记》记载："知者创物，巧者述之，守之，世谓之工。百工之事，皆圣人之作也"，这里将"创物"的"百工"称为"圣人"，充分体现了早期的器具设计需要非凡的智慧，也体现了当时尊重知识、尊重人才的社会环境。此外，历代中央政府机构不一定设有

---

① 夏朝的"奚仲"：奚仲，东夷薛国（今山东省滕州市）人，夏朝时期工匠。相传其发明了两轮马车。据《滕县志》记载："当夏禹之时封为薛，为禹掌车服大夫。奚仲生吉光，吉光是始以木为车。以木为车盖仍缵车正旧职，故后人亦称奚仲造车。"奚仲因造车有功，被夏王禹封为"车服大夫"（亦称"车正"）。

马车的出现，其贡献不亚于"四大发明"，奚仲是古薛国地面上出现最早的、最大的发明家、政治家，过世后被百姓奉为车神。后人在薛城区千山头修建了奚公祠常年祭拜，以求出行平安。当地因而有"祭拜奚仲，平安出行"的民谚流传。

② 商朝的"傅说"：傅说，古虞国（今山西省平陆县）人，出身于奴隶，曾在傅岩山一带和许多奴隶一起劳动，在征服洪水泛滥时因发明"版筑法"而闻名退迩。商朝经过两代君王传位给高宗武丁时，西戎为患，朝政日衰。司马迁《史记·殷本纪第三》记载："帝武丁即位，思复兴殷，而未得其佐"，因此他命满朝文武到全国各地去寻访贤能之士。当他得知傅说有贤名时很想马上把他召到朝中，可傅说出身低贱，迅速擢升必然引起贵族的极大不满，因此武丁王便假托"天命"，武丁夜梦得圣人，"名曰说……举以为相"。

傅说为相后极力辅佐武丁王59年，遂使"殷国大治"，成为历史上著名的中兴名相。

农部，但一定会设有工部，这些都反映中国古代对"工匠"的专业性、重要性、创造性、创新性的认知和重视。

中国工匠、工匠技艺、工匠文化及其蕴含的工匠精神的记载、传承可谓历史悠久，主要内涵表现在以下几个方面。

第一，技艺精湛是生存之本。

工匠的首要职责就是造物，技艺是造物的前提，也是工匠存在的价值所在。如何使技艺达到熟练精巧，古代工匠们有着超乎寻常的甚至是近乎偏执的追求，他们对自己的每一件作品都力求尽善尽美，达到极致的境界，并为自己的优秀作品而深感骄傲和自豪，如果工匠任凭质量不好的作品流传到市面上，往往会被认为是他职业生涯最大的耻辱。

第二，为臻于化境而心无旁骛。

古代工匠除了对自己的技艺要求严苛外，还怀有一种对职业的敬畏和绝对的专注、执着，达到忘我的境界。这也是中国古代工匠穷其一生努力追求的最高职业境界。

第三，为质量管理而物勒工名。

当今在制造业中推进建立重要产品的追溯体系，其实中国古代的先辈们早就采取了类似的管理制度。"物勒工名"就是一种极其重要的管理措施之一。"物勒工名"就是把工匠自己的名字刻在制作的器物上，这是中国最早的对于工匠作品质量管理的规定，也可以视作中国古代的一种产品质量责任管控和追溯办法。这种制度始于春秋时期，到秦朝时已经趋于完善，《礼记·月令》篇记载："物勒工名，以考其诚，工有不当，必行其罪，以究其情。"《吕氏春秋》对这种产品追溯办法又有了更具体明确的记载。

此外，物勒工名考核的规范性，这个"工"也指功劳的功，功和过、奖和罚，既是考核制度规范，同时也体现了一种荣誉。物勒工名既是一种质量负责制的产品质量检测管理制度，更是对于工匠担当和荣誉的体现。随着工业化进程和由此引发的城镇化进程，不仅创造出企业和城市这样大规模的社会组织结构，也创新了社会合作的方式，形成了分工协作、各负其责的生产管理体系和责任追究体系。在这些体系之中，我们提出物勒工名的主要目的不在于问责，而是希望借鉴古人的智慧进行科学管理，同时也是在提倡一种责任担当精神，我们每个人的工作效果和行为方式既要对自己负责，也要对所在的生产机构和社会组织负责，如果没有敢于担当的精神，根本无法保障社会组织的整体健康运转和生产机构的效率提升。

第四，匠之心与技之骨。

在先秦诸子中，庄子赋予"技"更深层次的意义，把人性的意识渗透进技术思想中，认为天道美的展现是技术的本质，人之技的最高境界是以技入道。在《庄子》中，树立起许多工匠的形象，"庖丁解牛"妇孺皆知。这里，我们讲一个《庄子》中"运斤成风"的故事，以说明中国古代工匠技艺娴熟、出神入化的境界。据《庄子·徐无鬼》篇记载：

> 庄子送葬，过惠子墓，顾谓从者曰："郢人垩慢其鼻端，若蝇翼，使匠石斫之。匠石运斤成风，听而斫之，尽垩而鼻不伤，郢人立不失容。宋元君闻之，召匠石曰：'尝试为寡人为之。'匠石曰'臣则尝能斫之。虽然臣之质死久矣。'自夫子之死也，吾无以为质矣！吾无与言之矣。"

文中的惠子，是战国时宋国人，庄子的好友，也是他哲学上的对手；郢，古代中国楚国的都城，在今湖北省荆州北面离城 8 千米（一说 5 千米）的纪南城；垩，白色黏土；斫，大锄，引申为用刀、斧等砍；匠石，名叫石的工匠；斤，斧头。这则故事大意是说：庄子送葬，到达惠子的墓地时，回头对跟随的人说："郢城有个人的鼻尖上沾了白粉，像苍蝇的翅膀一样。让一个名叫石的工匠用斧头砍掉这点白粉。石匠挥动着斧头，带着呼呼的风声，听任（斧头）去砍白粉，白粉被削得干干净净，（郢人的）鼻子却一点没有受伤。郢人站在那里，面不改色。宋元君听说这件事，将匠石叫来，说：'（请你）给我也试试看。'石匠说：'我曾经确实能够砍掉鼻灰。即使这样，我的配手已经死了很长时间了。'自从先生去世以后，我没有（辩论的）对象了，我没有说话的人了。"

在强调技艺精湛的同时，又从不同侧面把处世之道和人生哲学传达给读者，当工匠的技艺达到炉火纯青之时，是可以进入随心自由的境界的。

古代工匠最典型的气质就是对自己的技艺要求严苛，并为此不厌其烦、不惜代价地做到极致，精益求精，锱铢必较，同时也对自己的手艺和作品怀有一种绝对的自尊和自信。

工匠文化和工匠精神不仅是中国古代社会走向繁荣的重要支撑，也是一份厚重的历史积淀。工匠的本质是敬业与精业，这种精神融入工匠们的血液之中，技艺为骨，匠心为魂，共同铸就了中国丰富的物质文化现象，推动了中国古代技术的创新发展，怎么能不令人心生钦佩与敬畏。

2016年3月，李克强总理在政府工作报告中首次提出"鼓励企业开展个性化定制、柔性化生产，培育精益求精的工匠精神，增品种、提品质、创品牌"。其核心就是倡导精雕细刻的精神，创新进取的精神，专业专注敬业精神，崇尚至境的智慧加奋斗精神。中国5000多年的文明历史中，不乏都江堰水利工程、赵州桥等饱含工匠精神的产品。细节决定成败，当今，我们缺少的正是这种把细节做到完美的工匠精神。智慧光芒穿透历史，思想价值跨越时空，历久弥新，成为人类共有的精神财富。让"工匠文化""工匠精神"成为建设制造业强国的重要力量。值得欣慰的是，当今"中国制造""中国创造""工匠精神"频频出现于媒体，也成为决策层共识，写进政府工作报告，实在难能可贵。

四 庄子思想中蕴含的大国工匠精神及其现代价值

庄子思想所蕴藏的天道、治道、人生之道及其工匠精神，对于今天奋进新时代的人们具有重要的启迪意义和价值。

（一）《庄子·杂篇·天下》

"以天下为沉浊，不可与庄语。以卮言为曼衍，以重言为真，以寓言为广。独与天地精神往来，而不敖倪于万物。不谴是非，以与世俗处。其书虽瓌玮，而连犿无伤也。其辞虽参差，而諔诡可观。"

意思是说，认为天下沉浊，不能讲庄重的话，以卮言肆意推衍，以重言体现真实，以寓言阐发道理。独自与天地精神往来而不傲视万物。不拘泥于是非，与世俗相处。他的书虽然奇伟却宛转随和，言辞虽然变化多端却奇异可观。

庄子告诉我们，要遵从自己的内心，不为世俗所累。"看不惯"的东西、人和事越多，这个人的境界也就越低，格局也就越小。

"看不惯"不仅是境界小、情商低的表现，更会为自己树敌无数，招致怨恨。在这方面，曾国藩堪称楷模。

曾国藩升为二品官员后，可以乘八人抬的绿呢轿，但他一向节俭低调，就决定依然乘坐四人抬的蓝呢轿。按照例制，蓝呢轿见到绿呢轿必须让路，否则，抬绿呢轿的人就可以揪住坐蓝呢轿的人一通暴打。有一次，曾国藩乘着蓝呢轿出门，轿子走到一条窄路上，后面来了个绿呢轿。这种情况下，蓝呢轿可以不让路。但曾国藩还是命人靠边走，即使如此，绿呢轿依然不能通过。抬绿呢轿的人见状奔过来，不由分说，掀起蓝呢轿帘，一把揪出曾国藩，啪啪就是两耳光。可乘绿呢轿的只是个三品官员，曾国藩还比他大一级，此官员赶紧跪下赔礼道歉。

所有人都等着曾国藩打对方两耳光解气，没想到，曾国藩扶起对方，诚恳地说："确实是我的轿子挡了大人的路，大人赶紧上轿，赶路要紧。"挨了打，居然跟没事儿人一样，而且，还再三叮嘱轿夫，凡是见了绿呢轿，不管对方是否官比自己大，都必须让路。

曾国藩说："士有三不斗：勿与君子斗名，勿与小人斗利，勿与天地斗巧。"不计较，就不会将自己拉入争斗的旋涡，不被尔虞我诈所累；不计较，就不会树立太多的敌人，就不会时时遭人陷害；不计较，就能节省大量的时间，精力充沛地做自己想做的事。因为事事不计较，所以事事看得开，看得顺。曾国藩一门心思做实事，创下了九年内连升十级的官场奇迹。

庄子"是非无辨"，"不谴是非，与世俗处"。强调自我超然宁静为要。拓展和完善了庄子思想境界与工匠精神的研究思路及内涵实质。究其因果而言，工匠精神是以自我超越、超然物外和宁静为前提的。工匠精神即工匠们对设计独具匠心，对质量精益求精，对技艺不断改进，为制作不竭余力的理想精神和卓越追求。我们倡导工匠精神，就是要鼓励生产企业开展个性化定制、培育精益求精的工匠精神，实践技能报国、锲而不舍，提升品质、创造品牌。

工匠精神的内涵除了精益求精、追求极致和卓越，还具有协作和配合的内在要求。庄子笔下的庖丁表现出高超的智慧和创造力。即不断发现掌握规律、利用规律，不断提升自己的操作水平，这也正是工匠精神的应有之义。习近平总书记在治国理政的框架中，将传统文化精华作为重要思想源泉，指出要深入挖掘和阐发中华优秀传统文化讲仁爱、重民本、守诚信、崇正义、尚和合、求大同的时代价值。对庄子思想的积极方面进行传承并服务于社会，使其成为当前工匠精神教育及其实践的重要推力。

（二）庄子思想中工匠精神蕴含着感悟与超越的理论境界及内在关联

庄子"精神生于道"思想需要两个条件。心斋是必要条件，悟道是充分条件，若是未能觉悟道的存在，则依然谈不上精神的展现。工匠精神的一个重要特征是，不仅仅为了创造而创造，工匠创造活动应当和现实生活紧密融合，这种融合，首先是经世致用的，同时也是审美的。

庄子"精神四通八达，无所不至，上接于天，下及于地，化育万物，不见迹象"思想蕴含着朴素的道。在庄子看来，只有精神可以保守住它而不丧失，就会使精神变得专一；专一就能与真实相通，然后合乎自然的规律、规则。他提倡在"心斋""坐忘"的宁静境界中强调精神与自由的提升。工匠精神也正是在这种"宁静"中的精神追求和"自由"中的卓越追求中得以体现的。

庄子思想蕴含着工匠精神的科学辩证思想。庄子用"水"来作比喻。在《天道》篇，庄子说，水面静止时，可以清晰照见胡须和眉毛，水的平面也合乎测量标准，可以让大工匠取法。所以说，纯粹而不混杂，专一而不变化，淡泊而无所作为，行动时顺其自然，这是保养精神的途径。所以，我们讲它对人类生存与发展具有恒久的借鉴价值，对于当代工匠精神的培育与弘扬也同样具有深远的意义。

庄子"吾生也有涯，而知也无涯"和"天大的小事"思想，既体现了只争朝夕的精神指向，也体现出"细节决定成败"的要义。做好一件事，把一件作品做到极致，需要胆大心细，像庖丁那样在自己的专业上追求极致，方得始终。

（三）庄子思想蕴含着工匠精神的传承性

《庄子》所塑造的真人、神人、至人、圣人、大人等都是循"道"有"德"者，也就是在其"生命体"中持有先天的本真与和谐。可见，"生命体"的道德伦理内涵由其理想人格的设定和追求而生发。庄子思想中蕴含的思维方式不唯是解决某种特定问题的具体方法，而又对普遍规律的认知与提升，对现在和未来增强工匠意识、提升技艺都有不可或缺的指导意义。

（四）庄子"无为"思想，提倡顺应客观规律，反对华而不实

自省需要勇气，也最能反映一个人修养与境界的高低。习近平总书记指出，文化自信最根本的，是要从弘扬优秀传统文化中寻找精气神，这对于净化和培养工匠意识、工匠心灵、工匠精神具有重要促进作用。

综上所述，我们从庄子思想中工匠精神的思想意蕴、价值取向、原则理念进行综合性研究，从其工匠精神内涵、自由、逍遥之"道"、审美情趣来讲，体现了庄子美学"法天贵真"与"恬淡素朴"的审美意趣、与天地万物浑然一体，追求超越世俗、永恒长久的生命意义。工匠精神蕴含着时代精神气象，以庄子思想为基础，坚持古为今用，在推陈出新中做到与时俱进，不断丰富和

发展工匠文化、工匠精神内涵,做到以文化人、以文育人,以职业资格认证、实行职前宣誓、注重技艺的传承与提升,将工匠精神社会化、具体化、实践化,这对于我们今天奋进新时代,增强经济文化发展实力都是大有裨益的。

五 中华传统文化中的工匠精神

工匠精神在中华传统文化中体现得淋漓尽致。其一,工匠精神源自天地开辟。上古之时,未有人民,女娲不分昏晓,抟黄土作人,"力不暇供,乃引绳于泥中,举以为人";源自公输班老母乘木车,调机关,木制机器人赶车前行;造鸟鹊、木鸢翱翔天空,"三日不下";源自神农行三湘四水,遍尝百草,以医民恙,"察其寒、温、平、热之性,辨其君、臣、佐、使之义,尝一日而遇七十毒,神而化之",始种五谷,以为民食;制作耒耜,以利耕耘;织麻为布,以御民寒;陶冶器物,以储民用;削桐为琴,以怡民情;首辟市场,以利民生;剡木为矢,以安民居。

农业百科全书《齐民要术》有着工匠精神的坚韧;《天工开物》,一部造物文化的大历史,有工匠精神的担当;自喻候鸟"玄扈"的徐光启,冠带农耕,著《农政全书》,将工匠精神演绎得尽致淋漓;批阅十载,增删五次,曹雪芹著《红楼梦》,书里书外皆是工匠精神;以散点透视的构图法,将农村与市集,船只20余艘、房屋楼宇30余栋、车13辆、轿14顶、桥17座、树木180棵、动物209头(只)、1659人,大不足三厘米,小则如豆,各个形神具备,纤毫俱现,疏密有致地统一于富有节奏感和韵律变化的《清明上河图》,立体展示工匠精神;张果老倒骑毛驴,褡裢里,装日月,柴王爷手推独轮车,车载五岳与三山,压不垮的千年石拱赵州桥,拱卫着工匠精神;两千余年的都江堰,工匠精神,灌溉历史,灌溉古诗田园,沃野千里,"水旱从人,不知饥馑,时无荒年,谓之天府";大漠敦煌莫高窟,莫者,不可能、没有也,没有比修建佛窟更高的修为,印证大国工匠精神之伟大。

"三年斧子二年锛",工匠精神在打扣、穿带、割角、封边、装饰、雕刻、组装、上漆、刮腻子里,在锛、凿、斧、锯、刨、锤、钻、铲、锉、尺、墨斗、班妻中;那篾,薄如纸,那丝,柔如水,工匠精神在篾织中开竹成片,破篾、抽丝、编织在抽象或具象的器具里,所以两只箩筐,站在街上一模一样,酷似一对双胞胎;衣复天下,工匠精神因"蜀桑万亩,吴蚕万机"之绸、缎、棉、纺、绉、绫、罗丝帛,织就了从古长安出发,走甘肃、新疆,经中亚、西亚而抵达欧洲的"丝绸之路";一寸缂丝(中国特有的一种丝织工艺品,亦称"刻丝")一寸金,工匠精神通经断纬,刺绣织锦,"织中之圣"的清乾隆缂丝岁寒三友图,翠意盎然,具笼罩天地之姿,晃亮了所有肤色的人的眼睛;片瓦值千金,工匠精神用一把高岭土筑起耀州窑、磁州窑、龙泉窑、越窑、建窑、景德镇窑以及汝、官、哥、钧、定五大名窑,通过刻、划、印、贴、剔花、透雕镂孔花纹装饰技巧,让产品"薄如纸、明如镜、声如磬,雨过天青云破处,这般颜色作将来",瓷器(china)与中国(China)同为一词而名扬世界。

其二,工匠精神,是耐得住清贫与寂寞,深耕所在领域的专注与坚守精神。"春日不是读书天,夏日炎炎正可眠,秋怕蚊虫冬怕冷,收拾书箱好过年",与大国工匠无涉;"一心以为有鸿鹄将至,思援弓缴而射之"的古而今来之浮躁,与大国工匠无缘;曹植"七步成诗",成就不了大国工匠。"焚膏油以继晷,恒兀兀以穷年",如面壁十年之达摩,石壁留下隐约可见的水墨画像,才能"乘风而破万里浪,一苇撑破大江流";才有庖丁为文惠君解牛"彼节者有间,而刀刃者无厚,以无厚入有间,恢恢乎其于游刃必有余地矣","砉然向然,奏刀騞然,莫不中音。合于《桑林》之舞,乃中《经首》之会";才如明奇巧人王叔远,"以径寸之木,为宫室、器皿、人物,以至鸟兽、木石,罔不因势。雕榄榄核小舟(乾隆二年)象形,各具情态,为人五;为窗八;为箬篷,为楫,为炉,为壶,为手卷,为念珠各一;对联、题名并篆文,为字共三十有四;而计其长曾不盈寸。盖简桃核修狭者为之。嘻!技亦灵怪矣哉!"

其三,工匠精神,贵在细节,尚美,求新,求精,面对每件产品、每道工序,追求职业技能的极致化。察秋毫之末,视力足以看野兽毫毛的尖端。靠着传承和钻研,在 99.99% 中追求 101%,工匠缔造了一个又一个奇迹,直可颠覆"金无足赤,人无完人"的俗谚。中国新一代大飞机 C919 立项,有"金属雕花"技能的胡双钱,凭借一双手、一台传统的铣钻床,仅用了一个多小时,打造 36 孔,精度要求 0.24 毫米,0.24 毫米,相当于人头发丝的直径;为火箭焊接"心脏"的高凤林,在牛皮纸一样薄的钢板上焊接,不出现一丝漏点;工匠把密封精度控制到头发丝的五十分之一;又有工匠检测手感堪比 X 光那般精准,令人叹服。

梁思成、林徽因夫妇一行四人,骑着骡子寻找大国工匠精神。在斗拱雄大、出檐深远的五台山佛光寺,在南禅寺佛殿,大国工匠精神是"达理"而"通情"的大地文化,是形制开阔、古朴大气的大唐风范;从浙江余姚河姆渡遗址到长安南郊明堂，从山西应县木塔到北京故宫太和殿，大国工匠精神是亲地倾向与恋木情节，它镌刻在"钩心斗角"的榫卯结构交接咬合处，由格肩榫、双夹榫、楔钉榫、穿带榫、燕尾榫、托肩榫、抱肩榫、棕角榫，组合了宫殿、庙宇、陵寝、王府、衙署、庑殿、歇山、悬山、攒尖、囤顶与飞檐斗拱，而不费一钉一铆，即成半固结半活铰，可承受较大弯矩与弹跳巨大冲击波，那是对大国工匠精神的"殿试"；北京颐和园"四时占全，福寿满园，天星落凡，水路龙安"，"移天缩地在君怀"的气魄和寓意，以杭州西湖风景为蓝本，汲取江南园林的设计手法和意境，在亭台、长廊、殿堂、庙宇、小桥与自然山峦、开阔湖面间，展示天人合一的时空意识，可谓匠心独运。

工匠文化孕育工匠精神，工匠精神激励伟大实践，伟大实践创造"工匠品质"。

自古至今，一代代中国工匠们，穷其一生，用自己的智慧与汗水，在创造一个个传奇的同时，也创造了丰厚的工匠文化，培育了工匠精神。这种文化与精神必将孕育炎黄子孙书写中华文明史上的一个又一个传奇。

六 工匠精神的传承与发展

工匠技艺、工匠文化、工匠精神是由社会实践尤其是工匠级别的代表人物的实践创新得以传承、丰富和发展的。

工匠精神是中国人自古及今、绵延百代孜孜以求的。早在《诗经》中，就把对骨器、象牙、玉石的加工形象地描述为"如切如磋""如琢如磨"。对此，孔子在《论语》中十分肯定，朱熹《论语集注》中解读为"治之已精，而益求其精也"。再看《庄子》中的"庖丁解牛，技进乎道"、《尚书》中的"惟精惟一，允执厥中"以及贾岛关于"推敲"的斟酌，都体现了古代中国的匠人精神。

古代中国曾是世界上最大的原创之国、匠品出口国及匠人之国。而中国的丝绸、瓷器、茶叶、漆器、金银器、壁纸等产品曾是世界各国王公贵族和富裕阶层的宠儿。早在西周时期，就已设立了"百工制度"，古代的"中国制造"闻名远近。

韩非子《五蠹》一文中提到了最早造房子的有巢氏、最早钻燧取火的燧人氏。"上古之世，人民少而禽兽众，人民不胜禽兽虫蛇。有圣人作，构木为巢以避群害，而民悦之，使王天下，号曰有巢氏。民食果蓏蚌蛤，腥臊恶臭而伤害腹胃，民多疾病。有圣人作，钻燧取火以化腥臊，而民说之，使王天下，号之曰燧人氏。"这就是最早的"匠人治国"的案例。

鲁班生活在春秋末、战国初，出身于世代工匠的家庭。鲁班从小就参加了许多土木建筑工程劳动，逐渐掌握了生产劳动的技能，积累了丰富的经验，被尊奉为木匠的祖师。木工师傅们用的手工工具，如钻、刨子、铲子、曲尺、画线用的墨斗，据说都是鲁班发明的，鲁班的名字已经成为古代劳动人民智慧的象征。

特别典型的还有前面提到的庖丁解牛。厨师给梁惠王宰牛。其手所接触的地方，肩膀所倚靠的地方，脚所踩的地方，膝盖所顶的地方，哗哗作响；进刀时没有不合音律的。梁惠王问："你解牛的技术如何高超到这种程度啊？"厨师回答说，要依照牛体本来的构造去宰去解，他的刀刃始终像刚磨过一样锋利。厨师还说：每当碰到筋骨交错、很难下刀的地方，他便格外小心，提高注意力，动作缓慢，把视力集中到一点……庖丁解牛的故事告诉人们一个道理，做任何事只有做到心到、神到、手到，才能达到出神入化的境界。而"工匠精神"的核心便是：不仅仅是把工作当作赚钱的工具，更要树立一种对工作执着，对所做事情、所造产品精益求精、精雕细琢的精神。

中国自古就是一个具有创新传统和工匠精神的国度。中国工匠文化、工匠精神在千百年来的传承发展中，已经形成了"中国气质"，也诞生了千古永垂的"标杆式"工匠人物。

工匠在古代的社会地位不算高，但有很多匠人名垂青史。先秦的鲁班、李冰是以心灵手巧而成就事业的标杆人物。三国时期的"名巧"马钧虽不善言辞，却心灵手巧，擅长解决实际的技术难题。宋代的韩公廉成为将工匠传统与天算知识结合的工程师。明朝的宋应星，没能考中进士，却撰写出《天工开物》，被外国学者誉为"中国17世纪的工艺百科全书"。宋应星本人也被后人视为科学家。

中国古代各类手工匠人以精湛的技艺为社会创造价值，做出过不少重要的发明和创新，为中华文明的形成与繁荣做出了不可或缺的重要贡献。工匠们往往以打造精品为追求。例如，早在6000多年前，中国人开始制作玉器。朱熹对《论语·学而》中的"如琢如磨"做了注解。他说："治玉石者，既琢之而复磨之；治之已精，而益求其精也。"这是中国思想家对工匠精神的精彩解说。

中国很早就形成了标注制造者姓名的制度。据《吕氏春秋·孟冬纪》记载,"物勒工名,以考其诚,工有不当,必行其罪,以穷其情"。意思是说,如果做得不好、不合格,诚信不够,将给予惩处。《秦律》中也有许多具体的惩罚规定。秦代制器,不仅要刻上工匠之名,还要刻上督造者和主造者之名,以便逐级追查产品质量的责任人。如果不刻写名字,就要被罚款。

秦朝还建立了从中央到地方的系统的技术与产品质量管理机构以及分工负责制度。以少府为例,工师为手工业作坊的负责人,集技术与管理于一身,还传授技艺,监督工匠操作、产品质量检验等。检查产品质量,《吕氏春秋·孟冬纪》要求"必功致为上"。做得好的,也有具体的奖励办法。由于有这样的制度,我们就不难理解,为什么秦朝能够制造出精湛的铜车马、兵马俑等艺术品。

在中国历史上,工匠制度的传承发展,渐渐形成了特有的工匠意识、工匠理念、工匠文化和工匠精神,对工匠的行为有很强的约束力。以杆秤制作为例,工匠们相信:每个秤星代表北斗七星、福禄寿等,如果所造的秤亏顾客一两,制秤人就折寿一年。瓷器工匠也是如此,官窑(如龙泉窑)生产的好产品呈给皇家,出现次品就要砸掉。陶瓷界有实力的厂家都坚守一个传统:仿品不能当正品出售。2020年6月初,笔者专程前往河南省汝州市拜访"汝瓷泰斗"、玉松汝瓷创始人、中国汝瓷领域唯一一位"中国工艺美术大师"、唯一一位终生享受国务院颁发的政府特殊津贴的汝瓷专家、国家级非物质文化遗产(汝瓷烧制技艺)代表性传承人、中国陶瓷艺术大师孟玉松先生,78岁高龄的孟老先生告诉我,为追求汝瓷产品高质量、高品位,烧制一窑的汝瓷产品,经过严格的检验,优中挑优,其中能有30%的合格品就不错了,其余不合格品必须登记造册后全部就地销毁,不得外流。这就是对工匠精神、工匠品质的坚守。

正是这种精益求精、追求卓越的精神、实践和制度保证,中国历朝历代才能不断产出名扬四海的精品,如玉器、青铜器、瓷器、丝绸等,铸就东方文明古国的灿烂文化。

对于技术精益求精、对产品品质的卓越追求,是工匠精神的核心内涵,也是中国历史上绵延不绝的一笔精神财富。在璀璨的中华文明中,无数巧夺天工的珍品,正是一代代工匠们数十年如一日,坚持不懈、矢志不渝地对卓越品质的坚持、坚守的产物。

近年来,工匠精神之所以成为全社会广泛关注的热点话题,就是因为它切中时弊、符合时需。在当代中国产业界和其他行业都应当弘扬，或者说找回中国工匠精益求精、追求卓越的精神，全社会也要尊重能工巧匠的创造力和贡献，让"中国制造"成为精致美好、质量信得过的标签。

工匠精神并不是为中国所独有。在德国、日本、瑞士等发达国家，正是因为工匠的坚持专注，正是因为对产品完美形态的不断追求，才最终生产出举世闻名的精品。无论瑞士手表、军刀，还是日本的家用电器、德国的汽车，都是其中的佼佼者。

据研究者统计，全球寿命超过200年的企业，日本有3146家，德国有837家，荷兰有222家，法国有196家。这些长寿企业的出现绝非偶然，工匠精神在其中发挥着不可替代的作用。

在日本，工匠被称作"职人"，而"职人精神"也贯穿到各行各业。最近几年，大卫·贾柏所拍摄的纪录片《寿司之神》风靡网络，讲的就是东京银座一家看上去很普通的寿司店主小野二郎的故事。这位全球最年长的米其林三星大厨，终其一生都在捏寿司，始终以最高标准要求自己和学徒们。

"你必须爱你的工作，千万不要有怨言，你必须穷尽一生磨炼技能。"片中，在小野二郎的店里做学徒，必须首先学会拧毛巾，直到完全学会了拧毛巾，才能碰鱼，然后才是用刀。十年之后，才开始学煎蛋。正是这看上去极其严苛的标准，才让这家店誉满天下，"米其林指南"为其打了三颗星，意味着这家餐厅"值得特别安排一趟旅行"去造访。

在欧洲，德国的学徒传统，确保了这个国家始终有着最优秀的工匠。作为制造业强国，德国始终坚持"双元制"的职业教育体系，在小学4年毕业之后进行一次所有人才的"分流"，许多学生进入通往职业教育方向的中学，最后经过职业培训后就业，或者进入高等院校——应用科学大学深造。德国政府还规定，德国企业有义务提供职业教育的培训岗位，这确保了学生可以有机会跟着有经验的技师学习一手实用知识和技术。

与此同时，在德国工程师是非常受尊敬的职业，也有着不菲的收入，这激励了更多人选择这样的职业。工匠精神贯穿在大企业和各类中小企业中，以质量为生命，以质量赢得声誉，不断打造质量最高的产品，而不是追求所谓的"物美价廉"。

在瑞士，制表商对每个零件、每道工序、每块手表都以一丝不苟的完美主义精神打造。这个没有独特资源的国家，如今成为全球最富有的国家之一，研究者认为，工匠精神在其中发挥了不小的作用。对机械表精密度的高要求，几乎使得瑞士手表霸占了全球市场。据了解，有一些手表，其中零件可达七八百个，即使是顶级表匠，一年也只能造出一个。

随着人类社会的发展与进步，古今中外工匠精神的传承与发展都在为这个世界创造着一个个传奇。工匠精神，早已注入中华民族的基因。中华工匠文化、工匠精神确需大力挖掘、延续与传承。子承父业，师徒相传，薪火相继。内化于心，外化于行，产品，是民族文化触发智慧灵感之迸发，是工匠生命的体验与延伸。古有玉玺，乃国之重器，受命于天，既寿永昌。今有国之重器工匠精神，对工艺制造的一丝不苟，对卓越品质的孜孜追求和锲而不舍，对民族复兴的使命担当，工匠精神不仅镌刻于万里江山，同时是引领民族复兴的伟大精神。我们理应从包括庄子思想及其蕴含的工匠精神和现代价值在内的中华传统文化中汲取营养和力量，为助力新时代发展砥砺前行。

向着无限敞开
——庄子《逍遥游》主旨探析

孙 萍[*]

摘 要：本文通过对《逍遥游》文本的分析，认为《逍遥游》的主旨在于人只有不断地向着无限迈进，才能超越现实的世界，并在不断的超越中达至对"道"的领悟，而这领悟本身即是"逍遥"。

关键词：逍遥 小大之辩 无限超越 道

叔本华言："人受意志的支配与奴役，他无时无刻地忙碌着试图寻找什么，每一次寻找的结果，无不发现自己原是与空无同在，最终不能不承认这个世界的存在原是一个悲剧，而世界的内容都是痛苦。"当有限的人类从自然界分离出的那一刻起就注定了其与"痛苦"相伴的命运，然而有意思的是，有限的个人偏偏具有超越这"痛苦"或称为"困境"的形而上的追求，执着地去追寻生命的意义，几千年前如此，几千年后还是如此。

《逍遥游》是《庄子》内七篇中的第一篇，它以大鹏、小鸟、彭祖、至人、神人、圣人等一系列意象向世人展现了一个逍遥自在的世界，不愧是有限的人追求超越的典型代表。然而关于《逍遥游》的主旨是什么的问题，千百年来争论不休。在此问题上，争论的主要问题一般围绕着大鹏和小鸟谁自由、谁不自由，圣人有待与无待，以及无名、无功、无己的含义和相互关系的问题，等等。本文在总结前人思想的基础上，认为《逍遥游》的主旨是人的一个永恒的无限超越的过程，在不断的超越中达至对"道"的领悟，这领悟本身即是"逍遥"。

---

[*] 孙萍，中国社会科学出版社重大项目出版中心副主任兼古籍工作室主任，副编审。

一　逍遥游与小大之辩

对逍遥游的理解首先是和小大之辩联系在一起的。《逍遥游》中首先出场的是气势磅礴、刚强伟岸的大鹏，这个形象给人的感觉是那样超凡脱俗。而接下来"杯水坳堂"的比喻则暗示我们：生命的绚丽多姿是以厚重的积累为前提的，因为对于振翅高飞的大鹏而言，"风之积也不厚，则其负大翼也无力。故九万里则风斯在下矣，而后乃今培风，背负青天而莫之夭阏者，而后乃今将图南"。①"木秀于林，风必摧之"，大鹏搏击长空竟然遭到了蜩与学鸠的嘲讽，这是因为"小知不及大知，小年不及大年"；何尝小鸟如此，人亦然，"知效一官，行比一乡，德合一君而征一国者"也会自觉飘飘然："此小大之辩也"，大鹏和小鸟形体的大小以及活动范围的大小影响了二者境界的不同。

小和大何者逍遥？大者逍遥，小者不逍遥？抑或都是逍遥？郭象认为："夫小大虽殊，而放于自得之场，则物任其性，事称其能，各当其分，逍遥一也，岂容胜负于其间哉！"②郭象这种适性即逍遥的思想影响深远，以至于今天人们在讨论小大究竟何者逍遥的问题时，依然会受到这一观点的影响。事实上，郭象是用他的"独化"和"性分"说改造了庄子的思想。因为，我们可以在《逍遥游》中看到大鹏和小鸟、大知和小知、大年和小年等一系列的对比中，庄子有着明显的偏向，即歌颂大者。当然"大"并不仅仅是形体方面的，概括该篇的大和小，我们可以说大和小的区分是质的区分，而这一标准究竟如何把握，那就需要有一颗"道心"。我们从庄子的思想出发，可以认为，庄子的逍遥游的人生境界无物无我，这个境界只存在于精神世界中，在现实中并不存在，达到这一境界的至人、神人、圣人，是超越世俗的。而郭象用"性分"解释庄子的"逍遥"，取消了这一超越性的维度。他把庄子对世俗精神的超越，变成了对世俗精神的认可。郭象认为适性安命，不以所遇挂累于怀，就能够"逍遥"，"夫安于命者，无往而非逍遥矣"。

通过庄子有些戏谑的语言，我们必须承认一个事实，即个体差异性的存在，我们生存的世界是一个多样而有趣的世界，有大也有小。因而我们睁开眼睛看世界时也是多样而有趣的。既然大小的差别无法泯灭，我们就要去认同这种差异。小鸟的悲哀在于盲目地不自觉地和大鹏攀比，人的悲哀也是如此，在

---

① 郭庆藩：《庄子集释》，中华书局2004年版，第7页。本文所引《庄子·逍遥游》皆出自本书。
② 郭庆藩：《庄子集释》，中华书局2004年版，第1页。

自负地与他者的比较中丧失了自我存在的意义,"众人匹之,不亦悲乎"。那么逍遥游是否应包含"各得其性"的含义在内?或者可以说,"各得其性"是逍遥的一个前提,做不到这一点一定达不到逍遥的境界?而另外一方面,既然差异性是无法泯灭的存在,承认这种差异的同时是否就取消了逍遥的意蕴呢,因为逍遥理应包含逍遥主体的自由选择在内,否则"各得其性"如何是逍遥?这就引发我们继续思考究竟如何才是真正的逍遥?

二 逍遥游与无限超越

小鸟在和大鹏的比较中显露出自己的浅薄和自负,"绝云气,负青天"的大鹏自然比"抢榆枋""翱翔于蓬蒿之间"的小鸟要站得高,看得远,庄子用这一大一小的强烈的视觉对比把我们的目光放置于无限。很明显,大鹏比起小鸟是逍遥的,可是此逍遥依然是有条件的,真正的逍遥是"无待",庄子要我们的眼球继续放大,再放大,向着无限不断地敞开。小鸟的错误警示我们,要认识到无限的个体放置到无限的宇宙中是如此渺小和微不足道,囿于自己的有限去看世界的人犹如"井底之蛙",必须敞开自己的心胸,如老子所言"海纳百川,有容乃大",要用超越世俗的眼光重新去审视这个世界。

真正的逍遥是"乘天地之正气,而御六气之辩,以游无穷者",这样的人是不需要什么条件的,是真正达到了逍遥的境界,达到这种境界的理想的人格是"至人无己,神人无功,圣人无名"。尧让天下许由的寓言告诉我们,"名者实之宾也",不要为功名所累,只要做好自己分内的事情即可;藐姑射山的神人"旁礴万物以为一",使天下万物都包含于自己的心灵之中,与万物和谐相处,混同为一;庄子和惠子的辩论则说明无用之用乃是大用,不要用世俗的标准去评价事物的"用"或"无用",无用之用是切近于道的通达,它以自己独特的力量守护着物本该有的生命的意义,而世俗之用恰恰是遮蔽了物的真实的意义和价值。那么,逍遥的"自由"即体现在人虽有限,却可以自觉地去接近道的本真,在体认道的过程中实现"逍遥"。

从以上分析可以看出,实现"逍遥"并不是一个现成的事实,而是一个不断的超越的过程,这一过程是向着无限敞开,向着老子庄子所说的不可言说的"道"的敞开,是不断地奔向自由的过程,宇宙无止境,逍遥便无止境,而主体在这一不断追求逍遥的过程本身就体现着自由和逍遥。用无限敞开的心看宇宙,"从一粒沙中看世界,从一朵花里窥天堂,以你的手掌执持无限,以一个小时把握恒常",这就要求我们应该从不固执于某一特定的价值,认识到自我与万物的差别并无价值大小之别,从人与物一体的关系去看这个世界,把素朴恬淡之心贯通于万物之中,随顺万物之本然,这即是一种无所羁绊、无所束缚的向万物的敞开,是人的存在化于万物的存在之中的状态,心物浑然一体。这样的存在才是真正的人的"生命"意义上的存在,也才是真正的"逍遥"。因为在看似混沌的背后,是有限的人与无限的宇宙的契合,人的生命意义在无限中得以升华,他不再计较于自己的得失和荣辱,而是心如明镜般地自然而然的存在,"不以物喜,不以己悲",是洞晓道的本真的存在。这是一种超越了感性经验的精神生命的存在,也唯有这样的存在才是真正的属"人"的存在。

实现超越之后,便达至逍遥的境界。而且这个境界并不是已经得到就永远据为己有的"物"一般的"境界",还需要得到之人不断地向着没有极限的"道"靠近,这才是一种真正的通达。

综上,无论是对小大之辩的认识,还是对超越的理解,都涉及人们对"道"的深刻体悟,而究竟什么是"道"?"道"究竟如何言说?《逍遥游》中并没有给出一个明确的答案,但是当我们用心去读那瑰丽奇特的文字之时,总能感觉到自己的内心在与智者对话,这种感觉抑或可以称为"美感",而这种智慧和美感正是那"绵绵若存,其精甚真"的"道"的信息。合而言之,向着无限的敞开,向着无限的超越,在敞开和超越中去领悟那来自并不神秘的"道"之信息,此即"逍遥游"。

庄学论坛

庄子养生思想及其对疫情防控的启示

马修文[*]

摘　要： 战国时期思想家庄周早在2300年前就认识到生老病死是不以人的意志为转移的客观自然规律，为了活出生命的长度和质量，他提出"不知悦生、不知恶死"的生死观，积极养生，活到了83岁，在那个时期是远远高于当时人的平均寿命的。这是庄子将养生思想用于养生实践的具体体现。

当前疫情防控进入常态化，国家统筹推进疫情防控和经济社会发展，而个人防护则必然成为一种自觉和习惯。为此，我们要从庄子博大精深的养生文化中借鉴其有价值的部分，做出疫情防控的个人贡献。

关键词： 庄子养生　疫情防控　启示

一　庄子养生思想的认识论

《庄子》一书中贯穿了丰富的养生思想，自成体系，而《庄子·养生主》篇则是该思想的集中体现。

（一）养生之含义

《周易·系辞传》曰"生生之谓易"[①]"天地之大德曰生"[②]。"生"即有生机、生气、生长之意。"生"与"死"相对，也是中国哲学与西方哲学探寻的起点的差异。养生便是一切活动的出发点。有学者认为"养生主"这一表达具有多重含义[③]，有"养生为主""养生之主"等，这是对《庄子》篇章结构的误解，其实"养生主"同其他章节一样属偏正结构，即养生的总纲。

养生的"生"是生命本身，包括精神和身体，也就是神和形两个方面，而

---

[*] 马修文，中国社会科学院哲学研究所。
[①] 冯国超译注：《周易》，商务印书馆2009年版，第477页。
[②] 冯国超译注：《周易》，商务印书馆2009年版，第508页。
[③] 陈赟：《"缘督以为经"与"养生"的哲学》，《上海师范大学学报》（哲学社会科学版）2018年第2期。

不仅仅是肉身。如今很多养生被片面理解为"养形",关注的是生理方面、身体方面的保养。形体当然是物质的,具有决定性,但"养形"还不是真正的养生,或者说还不是养生的全部。《庄子·刻意》中列举了五种情形①,即"刻意尚行,离世异俗,高论怨诽,为亢而已矣。此山谷之士、非世之人、枯槁赴渊者之所好也。""语仁义忠信,恭俭推让,为修而已矣。此平世之士、教诲之人、游居学者之所好也。""语大功,立大名,礼君臣,正上下,为治而已矣。此朝廷之士、尊主强国之人、致功并兼者之所好也。""就薮泽,处闲旷,钓鱼闲处,无为而已矣。此江海之士、避世之人、闲暇者之所好也。""吹呴呼吸,吐故纳新,熊经鸟申,为寿而已矣。此道引之士、养形之人、彭祖寿考者之所好也。"由此可以看出,庄子所说的五类人,对养生的理解各不相同,其根本在于这些人的出发点和目的不一样。第一类人是避居山谷的隐士,是愤世嫉俗的人,他们磨砺心志崇尚修养,超脱尘世不同流俗,谈吐不凡,抱怨怀才不遇而讥评世事无道,他们孤高卓群。这类人正是那些洁身自好、宁可以身殉志的人所一心追求的。第二类是意欲平定治理天下的人,是对人施以教化的人,他们宣扬仁爱、道义、忠贞、信实和恭敬、节俭、辞让、谦逊,还十分注重修身。这类人是那些游说各国而后退居讲学的人所一心追求的。第三类人是身居朝廷的人,是尊崇国君强大国家的人,他们宣扬大功,树立大名,用礼仪来划分君臣的秩序,并以此端正和维护上下各别的地位,他们投身治理天下。这类人是那些醉心于建立功业开拓疆土的人所一心追求的。第四类人是闲游江湖的人,是逃避世事的人,他们走向山林湖泽,处身闲暇旷达,垂钩钓鱼来消遣时光,他们无为自在。这类人是那些闲暇无事的人所一心追求的。第五类人是舒活经络气血的人,善于养身的人,他们嘘唏呼吸,吐却胸中浊气吸纳清新空气,像黑熊攀缘引体、像鸟儿展翅飞翔,他们善于延年益寿。这类人是像彭祖那样寿延长久的人所一心追求的。

从《庄子·养生主》言"缘督以为经,可以保身,可以全生,可以养亲,可以尽年"②,可以知道当庄子将"身""生""亲""年"区分表述时,"生"已经不是简单的身体保养,而是要"达生"。何谓"达生",就是通达生命,这里的生命显然不仅仅是形体了,是包括养神和养形的统一。《庄子·达生》言"达生之情者,不务生之所无以为;达命之情者,不务知之所无奈何。养形

---

① 参见(清)王先谦集解,方勇校点《庄子》,上海古籍出版社 2013 年版,第 176 页。
② (清)王先谦集解,方勇校点:《庄子》,上海古籍出版社 2013 年版,第 36 页。

必先之以物，物有余而形不养者有之矣；有生必先无离形，形不离而生亡者有之矣"①。这里庄子从正反两个方面深刻阐释了养生的内涵，他认为，通晓生命实情的人，不会去努力追求对于生命没有什么好处的东西；通晓命运实情的人，不会去努力追求命运无可奈何的事情。养育身形必定先得备足各种物品，可是物资充裕有余而身体却不能很好保养的情况是有的；保全生命必定先得使生命不脱离形体，可是形体没有死去而生命却已死亡的情况也是有的。接着庄子阐释了养生就是要做到既要养神、又要养形。"夫形全精复，与天为一。天地者，万物之父母也，合则成体，散则成始。形精不亏，是谓能移；精而又精，反以相天。"②

（二）养生之目标

《庄子·养生主》言"缘督以为经"③。就是抓住养生的总纲。有学者认为，《庄子》所谓的"养生"，可以理解为：在"由道而德，由德而生，由生而性，由性而为"的架构已经形成之后，也就是在"性之动谓之为"或人为的要素已经进入生命的结构中，从而与道与德形成了张力的现实状况下，以养性的方式实现"人的机制"（情欲、认识、行为等）与"天的机制"（天道、天德、天乐等）的和解。养性作为一种由人发动、由人执行的活动，其要在于"由人而天"，即减损"人的机制"，守其在己之"天"。正因为人之性得之于天，而不随生死流转，因而在《养生主》的结构安排中，开篇的"生有涯而知无涯"对应于最终的"薪尽火传，不知其尽"，实现的正是"生"的转换，即从"生死之生"到"生命之生"的升华，用生命之生（人之所以为人之性）充实有涯之生，则生虽有涯而不知其尽，则生所面临的最大矛盾——有限与无限的矛盾——得以克服，这才是《养生主》所要抵达的目标。④

（三）养生之重点

《庄子·养生主》言"为善无近名，为恶无近刑""缘督以为经"⑤。在结构上，"为善无近名，为恶无近刑"两句为辅，"缘督以为经"为主，前者用

---

① （清）王先谦集解，方勇校点：《庄子》，上海古籍出版社2013年版，第209页。
② （清）王先谦集解，方勇校点：《庄子》，上海古籍出版社2013年版，第209页。
③ （清）王先谦集解，方勇校点：《庄子》，上海古籍出版社2013年版，第36页。
④ 陈赟：《"缘督以为经"与"养生"的哲学》，《上海师范大学学报》（哲学社会科学版）2018年第2期。
⑤ （清）王先谦集解，方勇校点：《庄子》，上海古籍出版社2013年版，第36页。

以彰显后者。换言之,"养生"之"主"在"缘督以为经"。① 我们知道,善恶、刑名并不是《养生主》的重点,重点当在"缘督以为经"上面,"缘督以为经"才是"养生"之"主"。故而,"缘督以为经"在《养生主》中由善恶、刑名句带出。养生的"中道"在善与恶之间、名与刑之间。庄子所谓的名刑、善恶是一个用来揭示人间世的机制的两组概念。这个概念正好与天道的机制构成对反。养生便展开在天、人之间,既不能脱离人间世,又不能拘囿于人间世,而是在人间世的地平线上向着天的机制开放。在《庄子·庚桑楚》中,庚桑楚居畏垒,三年而大穰,当地人民便欲"相与尸而祝之,社而稷之",但庚桑楚认为这只不过是"窃窃焉欲俎豆予于贤人之间"从而将其变为众人之标的(其杓之人)的方式,有违养生之旨。一旦"全其形生之人,藏其身也,不厌深眇而已矣",则"祸亦不至,福亦不来。祸福无有,恶有人灾也"。可见,既不汲汲于世俗意义上的福,也不招致世俗意义上的祸,才能抵达更自在的境地,在此,才能最大限度地摆脱外在的纠缠,实质而充分地从事保身、养生、养亲、尽年。

(四)养生之层次

《庄子·养生主》以"缘督以为经"为"养生"之"主",其所以为主,在于其可尽养生的四个层次,即四项基本内容:"保身""全生""养亲""尽年"。

"保身"之身乃是通常所谓的身体。世俗所谓"养生"往往流于"养身",但不能养其生之主,身反而不能尽其养。

"全生"是全其生理,而人之生理即为人之性。全生,即全其所得于天命者,不以人为而损伤之,亦不以人为而增益之。也即"尽其人之所以为人之性",成为真正意义上大写的人,从而"仰不愧于天,俯不怍于人",也就是对得起天之所与自己的这一人的位格。②

一己之"养生"同时关联着"养亲"。养生之所以与"养亲"关联,在于不失其身,不亏其体,不辱其性,敬重自己的身与性,不因为自己而玷污父母

---

① 陈赟:《"缘督以为经"与"养生"的哲学》,《上海师范大学学报》(哲学社会科学版)2018年第2期。
② 陈赟:《"缘督以为经"与"养生"的哲学》,《上海师范大学学报》(哲学社会科学版)2018年第2期。

的名声,不让父母担心自己,这本身就是孝亲、"养亲"之大者。①

"尽年"即"尽其天年"。古人讲"死生有命",每个人有其给定的天年,不以人为的因素而短命,不以人为的因素而中道夭折,这就是"尽年"。在天命的年数上,既不以人为的方式妄图逆天地增益之,也不以人为的方式减损之;问题的关键不在于以反自然的方式延长形体生命的长度,更关键的是"尽"其天年,这里的"尽"意味着充分地实现、最大限度地充实;而充实有限的有生之年,在其生存的每一个瞬间,充实其得于天的生理或生生之意。不仅每一个时刻都可以让生意最大限度地充满,而且充满生意在每一个时刻,这是一项永远没有极致与尽头的开放事业。"尽年"就是最大限度地投入到这一事业中去,让意义在每时每刻充满自己。

《庄子·养生主》以"保身""全生""养亲""尽年"阐发养生的四重效应,而这四重效应最终化解了《养生主》开篇所提出的有涯之生与无涯之知之间的张力。②

二 庄子养生思想的方法论

庄子的养生哲学包括两个方面,一个是养生思想,另一个是养生方法。一个是认识论,另一个是方法论。上面谈了认识论,下面谈谈方法论。

(一) 顺应与内敛的统一

庄子养生思想的出发点是把人作为自然界的一部分来看待。《庄子·秋水》言"号物之数谓之万,人处一焉"③。庄子的视野是无比广阔的,在他看来,芸芸众生,不过是沧海一粟,十分渺小,切不可妄自尊大、目空一切。《庄子·德充符》言:"眇乎小哉,所以属于人也!謷乎大哉,独成其天!"④ 人们在改造自然的过程中,被眼前的小小成就冲昏了头脑,对自然界缺乏敬畏之心,为了政绩、为了私利、为了眼前,破坏自然、浪费资源,已经达到了触目惊心的地步。人是大自然的一部分,只有放在自然之中,人才能够认清自己。因此,要顺应自然,顺从自然之道。

---

① 陈赟:《"缘督以为经"与"养生"的哲学》,《上海师范大学学报》(哲学社会科学版) 2018 年第 2 期。
② 陈赟:《"缘督以为经"与"养生"的哲学》,《上海师范大学学报》(哲学社会科学版) 2018 年第 2 期。
③ (清) 王先谦集解,方勇校点:《庄子》,上海古籍出版社 2013 年版,第 184 页。
④ (清) 王先谦集解,方勇校点:《庄子》,上海古籍出版社 2013 年版,第 69 页。

庄子在顺应自然方面，形象地用庖丁解牛来比喻。《庄子·养生主》记载，庖丁为文惠君解牛，手之所触，肩之所倚，足之所履，膝之所踦，砉然向然，奏刀騞然，莫不中音。合于《桑林》之舞，乃中《经首》之会。① 这种熟练程度，自然是熟能生巧，也是经验之谈。但其中的根本是尊重自然规律，顺应事物原理。而尊重自然的行为是美的，也就有发出的响声，都合着音乐的节奏节拍。当被问及这般神奇的技巧如何练就时，庖丁坦然说是自己善于摸索事物的规律。正是这种喜好，加上尊重规律，成就了庖丁的高超技术。具体来说，这种解牛的运作过程是：庖丁只用心神去接触而不必用眼睛去观察，眼睛的官能似乎停了下来，而精神世界还在不停地运行；依照牛体自然的生理结构，劈击肌肉骨骼间大的缝隙，把刀导向那些骨节间大的空处，顺着牛体的天然结构去解剖，从不曾碰撞过经络结聚的部位和骨肉紧密连接的地方，庖丁使用的刀已经用了十九年了，所宰杀的牛牲上千头了，而刀刃锋利得就像刚从磨刀石上磨过一样。这种顺应自然的做法本身就是养生的体现。

同时我们也看到，庖丁在回答文惠君的问题时并没有显得张扬，而是体现了内敛的一面。无论是技经肯綮、游刃有余，还是踌躇满志，都是自然而然，没有任何做作的成分。唯有内敛，才有无限与博大，才会有"注焉而不满，酌焉而不竭，而不知其所由来，此之谓葆光"②。"葆光"是一种养生的方法，葆光就是心中有大境界、大格局、大视野、大光明，是真正的涵养。

（二）养神与养形的统一

庄子倡导的养生是同时观照养神和养形的养生方法，是养神与养形的有机统一。《庄子·徐无鬼》言"劳君之神与形"③。如果只知养形，而忽视养神，那养生就是停留在表面，如果只去养神，忽视养形，养生也难以持久。做到养神与养形的统一，才是真正的养生。

庄子十分注重养神之道，并将之具体区分为养神与养心，通过怡养心神，达到保养身体、祛病之目的。养形是通过锻炼身体达到延年益寿之目的。《庄子·刻意》言"纯素之道，唯神是守。守而勿失，与神为一。一之精通，合于天伦"④。纯粹质朴的道理，需要精神专一来持守，持守而不遗失，才能与精

---

① （清）王先谦集解，方勇校点：《庄子》，上海古籍出版社2013年版，第36—37页。
② （清）王先谦集解，方勇校点：《庄子》，上海古籍出版社2013年版，第25页。
③ （清）王先谦集解，方勇校点：《庄子》，上海古籍出版社2013年版，第285页。
④ （清）王先谦集解，方勇校点：《庄子》，上海古籍出版社2013年版，第177页。

神合为一体，做到这种统一就合乎自然之理了。《庄子·养生主》言："指穷于为薪，火传也，不知其尽也。"① 这里的"以火喻生，薪以喻形，达此则知生之所以为生者，未尝有死"②。形神兼备，即是真性情。如何才能做到养神与养形的统一，就是"平易恬淡，则忧患不能入，邪气不能袭，故其德全而神不亏"③。

庄子倡导的养生是一种平和适度的养生方法，不能过度，否则就会失性。《庄子·天地》言："且夫失性有五：一曰五色乱目，使目不明；二曰五声乱耳，使耳不聪；三曰五臭薰鼻，困惾中颡；四曰五味浊口，使口厉爽；五曰趣舍滑心，使性飞扬。此五者，皆生之害也。"④ 庄子从尊重生命出发，抓住生之根本，便有了长生之道。因为形体是物质的，在与外界接触中没有适度原则，就会丧失判断力、鉴别力，这包括事物的惯性和人的惰性两个方面的因素。沉湎于声色滋味等感官享受之中，将会严重损害身体健康。这种丧失真性的情形有五种，一是颜色泛滥就扰乱视觉，使得眼睛看不明晰；二是乐音泛滥就扰乱听力，使得耳朵听不真切；三是气味泛滥熏扰嗅觉；四是滋味秽浊有损味觉，使得口舌受到严重伤害；五是取舍的欲念迷乱心神，使得心性驰竞不息、轻浮躁动。这些情况，都是对生命健康的祸害，也是不适度的表现。

（三）动与静的统一

庄子提倡的养神的方法是动和静的统一，动和静是相互作用的，而以静为养生之关键，就是保持心无杂念的状态。《庄子》言："夫虚静、恬淡、寂漠、无为者，天地之平而道德之至，故帝王、圣人休焉。休则虚，虚则实，实则伦矣。虚则静，静则动，动则得矣。静则无为，无为也则任事者责矣。无为则俞俞。俞俞者忧患不能处，年寿长矣。夫虚静、恬淡、寂漠、无为者，万物之本也。"庄子把虚静作为天地之基准，视为养生的至高境界。进入这一境界便心境清澈，心境无杂就会显得充实。心境虚空才会平静宁寂，平静宁寂才能自我运动，没有干扰地自我运动也就能够无不有所得。庄子通过这样一个理路阐释了动与静的关系，由静至动，年寿也就长久了。

庄子认为把精神和内心归于平静，形体才可以长生。《庄子·在宥》言：

---

① （清）王先谦集解，方勇校点：《庄子》，上海古籍出版社2013年版，第40页。
② （宋）吕惠卿撰，汤君集校：《庄子义集校》，中华书局2009年版，第438页。
③ （清）王先谦集解，方勇校点：《庄子》，上海古籍出版社2013年版，第176页。
④ （清）王先谦集解，方勇校点：《庄子》，上海古籍出版社2013年版，第147页。

"无视无听，抱神以静，形将自正。必静必清，无劳汝形，无摇汝精，乃可以长生。目无所见，耳无所闻，心无所知，女神将守形，形乃长生。"①闭目养神对于神气的恢复、心神安定有效。《庄子·外物》言："静然可以补病，眦搣可以休老，宁可以止遽。"②

生命离不开运动。庄子的养生论注重动静的结合，强调阴阳调和。《庄子·天道》言："静而与阴同德，动而与阳同波。"③说的就是这个道理。《庄子·刻意》中讲了养生的两个方法是吐故纳新与熊经鸟伸。这里的动是一种自然而然的动，从根本上说是顺应自然，尊重自然规律，结合自身实际情况，从而达到增强体质、延年益寿之效。

（四）生有涯与知无涯的张力

《庄子·养生主》开篇即言："吾生也有涯，而知也无涯。以有涯随无涯，殆已！已而为知者，殆而已矣！"④这不是有限面对无限的无奈和灰心，而是要建立"知"与"生"的认识空间和实效。

有学者认为，就"生有涯"与"知无涯"本身而言，两者并不矛盾，但问题在于，追逐无涯之知而不知止的态度与方式，才是对养生构成了妨害。求知与养形一样，不是养生之主。相对于养生之主，正如"形"乃"生"之"宾"那样，"知"乃"生"之"役"，而非"生"之"使"。养生之主，恰恰在于将生之主与生之宾各付其位，不使相僭。在生（性）的结构中，神为形主，明为知使，养"生之主"便在于养其神明，故而《庄子·逍遥游》所讲的"凝神"与《齐物论》所说的"以明"两理之结合，方可触及全面的"养生"之道。这大概是《庄子》中《养生主》篇次于《逍遥游》与《齐物论》的根据。如果神明不能用事，反而为形知之辅，那么，形知就会反为生之累。⑤作为生的构成部分，形与知本身并不恶，所恶者乃是在人生结构中的位置被改变了，本来是辅助神明的形知反而主事了。一旦养形占据主位，养性反而处在宾位，那么所可为者，则是"节嗜损欲，以养精焉。更进之，则导引吐纳，以

---

① （清）王先谦集解，方勇校点：《庄子》，上海古籍出版社2013年版，第123页。
② （清）王先谦集解，方勇校点：《庄子》，上海古籍出版社2013年版，第333页。
③ （清）王先谦集解，方勇校点：《庄子》，上海古籍出版社2013年版，第151页。
④ （清）王先谦集解，方勇校点：《庄子》，上海古籍出版社2013年版，第36页。
⑤ 陈赟：《"缘督以为经"与"养生"的哲学》，《上海师范大学学报》（哲学社会科学版）2018年第2期。

养气焉"①。

《庄子·养生主》的生有涯、知无涯是客观存在的张力,之所以庄子反复强调,就是为了让人们清楚认识到,真正的危险在于"随"字,正是一个"随"字,使得养生之主宾移位,从而将生命置于危殆的境地。②因为不知其位、不守其分,难免就会一涌而起,缺乏主见和判断。一旦知位守分,则必不会随。为了避开危险的随字,就要知止与知足。有涯之生不随无涯之知,而是安于"知有所止"。《庄子·养生主》篇终以薪尽火传之象隐喻生之有限而无限(形有尽而神无尽)。通过养的过程,有涯之生,或者化为文化生命,参与未来世代人们的生命的形构;或者化为自然生活,融入宇宙生命之洪流的再造过程。所谓有涯如无涯,有限如无限,其实意味着有涯与无涯的紧张得以化解。③

三 庄子养生思想对疫情防控的启示

庄子的养生思想自成一体,具有整体性、独创性、客观性等特点,形成了独特的养生文化,顺应自然、天人合一、内外兼修、外避灾祸、内养心神等,符合现代人的健康需求,对提升现代人的生活理念,特别是疫情防控的自觉和习惯具有重要意义。

2019年底新冠肺炎疫情发生以来,党中央高度重视疫情防控工作,习近平总书记亲自指挥、亲自部署,举国上下众志成城,海内外同胞同舟共济,爱国主义、集体主义、社会主义精神广为弘扬,迸发出万众一心、共克时艰的民族凝聚力、向心力,疫情防控阻击战取得重大战略成果,统筹推进疫情防控和经济社会发展工作取得积极成效,充分展现了中国力量、中国精神、中国效率。

据媒体报道,自从疫情发生以来,因为疫情感到焦虑、紧张、恐惧的人不在少数,甚至有的患上了严重的焦虑症而不得不就诊,导致睡眠质量明显下降,入睡困难,有时整夜不眠,饮食量下降,伴有情绪不稳定,随时发脾气等,影响了正常的工作、学习、生活。有调查显示,近八成的群众非常关注疫

---

① 陈赟:《"缘督以为经"与"养生"的哲学》,《上海师范大学学报》(哲学社会科学版)2018年第2期。
② 陈赟:《"缘督以为经"与"养生"的哲学》,《上海师范大学学报》(哲学社会科学版)2018年第2期。
③ 陈赟:《"缘督以为经"与"养生"的哲学》,《上海师范大学学报》(哲学社会科学版)2018年第2期。

情进展，但大多数人有强烈的担忧和恐惧。虽然在灾难面前出现恐惧和焦虑是正常的应激反应，但如果这种反应在疫情常态化的情况下不能得到改变，必然会带来身体和精神的双重压力，这时个人养生就显得十分必要了，我们可以从《庄子》养生思想中有所借鉴。

庄子养生思想以个体的生命存在为出发点，从庄子养生术来看，他做到了知足和乐观，这两个方面可以一定程度上缓解一个人的情绪波动，实现养神与养形的统一。

一是知足常乐，清心寡欲。《庄子·逍遥游》言："鹪鹩巢于深林，不过一枝；偃鼠饮河，不过满腹。"[1] 知足常乐，知道自己，了解自己的需求，便不会得寸进尺，欲壑难填，可以说知足则多寿。

二是乐观豁达，生活恬淡。《庄子·养生主》说："安时而处顺，哀乐不能入也，古者谓是帝之县解。"[2] 对待外界的变化，能够处变不惊，安心适时而又顺应变化，影响身心的负能量、负面情绪便不能侵入人的身心，并将其称为"解除倒悬"。

三是切忌过度养生，大道至简。过度养生本来就是违背自然规律的，是违背人的秉性的。现在生活条件好起来了，人们开始关注健康，而吃补品等就成为养生的一部分了，过量食用所谓的补品，只会影响内脏器官的运化功能，破坏机体原有的平衡，危害不可忽视。在疫情防控过程中，要注意不能过度防护，影响呼吸系统，造成身体伤害。人体是同自然界不断进行能量交换的组织系统，过度奢求只会带来对这一系统的破坏，打乱人体正常运行规律。

四是平心静气，专心致志。现代社会，熙熙攘攘，工作节奏加快，步伐也在加快，人心也开始浮躁起来，身心的压力都在不断增大，亚健康状态呈普遍化倾向。"工匠精神"往往会因为体力不支而夭折。在统筹推进疫情防控和经济社会发展中，要牢记《庄子·达生》告诉我们的"用志不分，乃凝于神"的做事之方。

五是内外兼修，注重精神修养。强身健体、强健体魄固然可以延年益寿，但如果没有健康而富有的精神涵养，就会陷入"弱于德、强于物""重物欲、轻养神"的邪路。在疫情防控中，要做到内外兼修，既要有一定的适合自身的健身活动，又要为这种健身锻炼提供有效的精神锻炼，抑制过度的奢求，做到内敛葆光。

---

[1] （清）王先谦集解，方勇校点：《庄子》，上海古籍出版社2013年版，第6页。
[2] （清）王先谦集解，方勇校点：《庄子》，上海古籍出版社2013年版，第40页。

从"庖丁解牛"谈如何把握乡村振兴战略

石 明[*]

摘 要：庄子的思想对中国古代社会发展具有极大影响力，同样在今天也值得我们探究、思索。《庄子·养生主》"庖丁解牛"寓言中，庄子以技喻道，留给后人广阔的想象和发挥空间。解读虽多，但往往缺乏与当前新时代发展相结合的论述。本文通过庖丁的三重解牛之境，来从另一个角度分析如何更好地把握乡村振兴战略，在指出二者具有相通性的同时，揭示"解牛"内在的实践和认识关系，最后讨论了"道"的落实问题。

关键词：庖丁解牛 乡村振兴 实践 认识

前言

党的第十九次全国代表大会正式提出，要实施乡村振兴战略并将解决好"三农"问题作为全党工作的重中之重。乡村问题由来已久，不仅在于中国自古以来"以农为本"的经济根基，也在于当今"乡村衰落"的世界性难题。繁华兴起的大城市背后，往往掩盖了农村的尴尬和贫困。如何才能更好地把握乡村振兴战略的脉络，实现产业兴旺、生态宜居、乡风文明、治理有效、生活富裕的总要求？乍一看这似乎更应该是一个紧密结合新时代的热点问题，但或许我们也应该稍微开拓一下视角，从古老的智慧中拾取一隅以得到更深的启迪。本文姑且通过《庄子·养生主》中的一则寓言"庖丁解牛"，来看看如何用庖丁之"道"破乡村之"题"。

一 见牛

"庖丁解牛"是《庄子·养生主》开篇的第一则寓言。何谓"养生主"？

---

[*] 石明（1994— ），男，安徽安庆人，硕士研究生在读，研究方向为宗教学。

郭庆藩注:"夫生以养存,则养生者理之极也。若乃养过其极,以养伤生,非养生之主也。"① 即"养生以此为主"。文章表面借庖丁的解牛之道来述养生之理,实际描写却超凡脱俗乃至令人浮想联翩。

寓言共有四个意象,即庖丁、牛、刀和文惠君。从不同的意象出发,总能得到不同的启发。我们先从主要描写着手,来看庖丁是如何解牛的。

"手之所触,肩之所倚,足之所履,膝之所踦,砉然向然,奏刀騞然,莫不中音。合于桑林之舞,乃中经首之会。"②

手、肩、足、膝四个身体部位,动作运转起来都仿佛是《桑林》之舞,而划开、进刀、割解牛时,所发出的哗啦响声又恰如《经首》韵节。乃至于文惠君都叹而问道:"技盖至此乎?"

是啊,到底怎样的技术才能达到这般地步?这是看到"庖丁解牛"后,每一个读者都会思考的问题。进一步来说,如果我们把"技术"或"道"对应为"针对乡村发展所采取的措施",那么在面对如"乡村生产力水平不足""资源环境和生态状况恶劣""城乡发展不平衡"等问题时,是否有一条或者几条措施、方法能够快速厘清表象,区别"真问题"和"假问题",如庖丁解牛般"以无厚入有间",手起刀落、游刃有余?当然,不管是"居庙堂之高"的决策制定者还是"处江湖之远"的政策落实人,在"见牛"之时,都能够感受到乡村顽疾正如一头待解剖的老牛,所以,现在的问题是:手如何触碰?肩倚靠哪里?脚是否踏实以及膝盖顶着何处?

手、肩、足、膝就是不同的动作和措施,要想"砉然向然,奏刀騞然,莫不中音",必须如庖丁一样"道进乎技"。

二 解牛之一:"所见无非牛"

"始臣之解牛之时,所见无非'全'牛者。三年之后,未尝见全牛也。方今之时,臣以神遇而不以目视,官知止而神欲行。"③

从这段文字我们知道,庖丁将其解牛的境界共分为三重。从"所见无非牛"到"未尝见全牛"再到"官知止而神欲行",三重境界层层推进,并且效果相差甚远。

---

① 郭庆藩:《庄子集释》卷二上,中华书局1961年版,第115页。
② 郭庆藩:《庄子集释》卷二上,中华书局1961年版,第117—118页。
③ 郭庆藩:《庄子集释》卷二上,中华书局1961年版,第119页。

我们来仔细分析一下这几重境界。首先是刚开始的"所见无非牛"。

大部分的哲人学者将"所见无非牛"解释为一种勉强愚钝之态，如郭庆藩注："未能见其理间。"① 即是说刚开始学习的时候"触途皆碍"，不能窥见其中解牛的道理。但学者钟泰先生的解释别具一格："'所见无非牛者'，用心之一也……盖诚用心于一艺，即凡天下之事，目所接触，无不若为吾艺设者。"② 即认为"所见无非牛"的境界是惟精惟一、纯粹不杂的"聚精会神"，非俗眼之境。且庖丁的三重境界内部是环环相扣、丝丝入理的，第一阶段的"所见无非牛"实际上蕴藏着一种向第二阶段的变化之功。即只有经过"三年"的"所见无非牛"，经过真真切切的一番落实功夫，才能到达第二阶段的"未尝见全牛"之境。

又古人"数起于一，立于三，成于五，盛于七，处于九"。从一到三，一般标志着一个事物从量的积累到质的转变。且天文历法中往往采用三年置闰、七年再闰、十九年七闰的历法，"三"更标志着一个小成的阶段。种种理由让我们认为，钟泰先生的解释应该更符合本义。

回过头来我们看"始臣之解牛之时"的三年，庖丁在做什么？是在每天看牛吗？不，是解牛！是实践！道理讲起来似乎都很清楚，但"看"只是隔岸观火雾里看花，不可能知道牛的内部肌理，更不可能发现自己的不足。且若只是泯灭于众人般的普遍性实践，更无法在三年后达到更深的境界。所以，只有通过一开始的反复练习、切磋琢磨、专心致志、精益求精，才能不断提升自己。

实际上，我们在这里能看到庖丁的第一层境界，暗示了一个重要问题，即实践。实践是一切认识的起始，是通往"解牛之道"上的重要的、必不可少的、最基础的一个环节。毫无疑问，任何"牛"的解剖、技的学习、道的领悟，都必须要有一个聚精会神、扎扎实实的实践功夫。实践是认识的来源。而且我们还应该看到，此实践绝非普通俗人的那种无可奈何、迫不得已、违反性情之实践，而是全神贯注之态。

再从乡村发展的角度我们来思考一下，目前中国的乡村人口占总人口数的约40%，大概有60万个村级单位。虽然说从宏观的角度看乡村问题，集中起来也就那么几个突出点，但是各个区域实际上面临的并不尽相同。

谈起乡村问题，似乎都知道要把解决好"三农"问题始终作为全党工作的

---

① 郭庆藩：《庄子集释》卷二上，中华书局1961年版，第119页。
② 钟泰：《庄子发微》，上海古籍出版社2002年版，第68页。

重中之重，要坚持农业农村优先发展，但每个农村家庭关心的如土地、人口、产业、养老、婚姻、医保问题等，还是需要有人立足农村，去调查、去了解实际情况。如何调查？如何了解？唯有实践！实践是认识的来源，是认识的基础。要让农村真正发展，要让乡村真正振兴，必须要有人从微观的角度，扎根在基层，反复调研具体的情况，这也就是庖丁解牛第一重境界之要义。

三 解牛之二："未尝见全牛"

庖丁的第二个阶段是"未尝见全牛"。即经过长达三年的实践，已经可以做到分肌擘理、表里洞然了，这是"操刀既久，顿见理间，所以才睹有牛，已知空郤"[①]之境。

对此，庖丁还将其类比为"良庖"，即"岁更刀"，一年才需要换一次刀（相比于"族庖""月更刀"）。我们可以认为，经过不断地磨炼，聚精会神、专注如一地学习，这个时候的庖丁在解牛之时，眼见的绝不再是一头普普通通的牛，而是从实践中获得了认识，并且已经达到了一个比较高的高度，即已经由表及里、由浅入深了。

普通的"族庖"看到牛时会如何解牛，他们通常会仅限于表面的形状，解牛之时不知其肌理，所以只是简单地把它杀掉。"族"即杂、众、普通人之义。但牛的内部错综复杂，四肢百节、骨肉形骸盘根交错，以"无厚"的刀刃去盲目蛮横解牛，只会弄得稍微解几次刀就断。而"良庖"则不局限于外表，其甚至已经开始消解了"牛"的概念，在面对牛时，"慧眼"能直接进入结构整体的内部，并且可以透过事物表现出来的外部具体特征，抽象出其内在的一般规定性，达到对于事物的本质和规律的认识。

当我们用马克思主义哲学的认识论来探讨时，同样也能发现，第二层境界既包含了由实践到认识的过程，同时还涵盖了认识过程的提升，即从感性认识到理性认识的过渡。马克思主义哲学认为，认识是来源于实践的，是以实践为基础的主体对客体的能动反映。但同时，认识并不是一成不变的，而是不断上升式的过程。庖丁解牛的第二层境界正好也暗合这一点。

回过头来我们看乡村发展，实践之后应该如何处理？

从中国各个地区以及现有的情况来看，目前确实是已经有部分乡村示范

[①] 郭庆藩：《庄子集释》卷二上，中华书局1961年版，第120页。

村，率先建立起较好的发展体制机制和政策体系。如宁波的达人村，通过政府搭台、企业唱戏、村民参与的模式发展成旅游观光的示范园；甘肃的红崖村，挖掘山水生态、农耕文化、农事体验的旅游价值，带领全村脱贫致富。

这些村为什么能够在众多的农村里脱颖而出，最重要的原因是他们能通过前期的实践调查，收集了大量的丰富的材料，并形成认识进行加工分析。对应庖丁此时的解牛，即看到"乡村"时，绝不能只是看到"乡村"，而更应该通过前期的实践，消解"乡村"概念，真正抓住与本质相关的问题及原因。首先要看当地有什么优势可以利用，然后则是以当地的具体情况为基础，通过特色构建依托、资源融合打造、产业深入挖掘等，赋予乡村新的活力。

四 解牛之三："官知止而神欲行"

对于绝大多数人而言，到了"未尝见全牛"之境时已经足够了，剩下的无非是持续打磨和学习锻炼的过程，精益求精。庖丁亦自语道："今臣之刀十九年矣，所解数千牛矣。"再加上后文说"方今之时"可知，庖丁在第二层境界整整停留了十六年之久。十六年的聚精会神并且"未尝见全牛"，乃堪入"神境"，可知其难。但庖丁还是突破了障碍，"刀刃若新发于硎"，究其原因则是其一开始的立意就不在"技"上，而是"所好者道也，进乎技矣"。

我们再看对此是如何描述的：

"方今之时，臣以神遇而不以目视，官知止而神欲行。依乎天理，批大郤，导大窾，因其固然。"[1]

"彼节者有间，而刀刃者无厚，以无厚入有间，恢恢乎其于游刃必有余地矣。"[2]

首先关于"道"，"道"既是养生之道，也是庄周借此想表达的"顺任自然"之道。中国古代哲学向来都重视"道"、重视自然。"天何言哉！四时行焉，百物生焉""为无为，事无事，味无味""如智者亦行其所无事，则智亦大矣"等也说明无论儒道都讲"无为"，只是侧重点以及程度有区别。

"依乎天理，批大郤，导大窾，因其固然。"面对问题复杂如"牛"筋骨交叉盘结，庖丁处理时却能"依天然之腠理，终不横截以伤牛"[3]。"天理"，

---

[1] 郭庆藩：《庄子集释》卷二上，中华书局1961年版，第119页。
[2] 郭庆藩：《庄子集释》卷二上，中华书局1961年版，第119页。
[3] 郭庆藩：《庄子集释》卷二上，中华书局1961年版，第120页。

即自然的纹理脉络;"因其固然","因",顺着,顺着事物本来的自然结构来进行,这是一条总的原则,是"道",其次还有"技"。如何用"道"来施"技",则是要看到所谓的"有间",看到问题,看到牛骨节之间的间隙,再以"无厚"之技入"有间"之牛,方能最终"恢恢乎其于游刃必有余地矣"。

妙矣!联想到如今的乡村发展,其症结不就正是如此复杂交错吗?乡村发展困境其实从来都不仅仅是乡村自身的方面,而是长期以来的中国城乡二元体制使得地区发展不平衡,伴随着这个根本问题,农村去空心化、人口老龄化严重、青年劳动力向城市转移等问题也随之而来。

所以,即便当我们通过前期的实践(第一层境界)得到认识并以此来指导实践时(第二层境界),问题的根源还是无法解决,稍不留神可能农村依旧会慢慢贫困下去。如何做?庖丁认为要"以神遇而不以目视,官知止而神欲行",就是说不能被俗象遮蔽,甚至眼睛看到的也很有可能并不是真相,而应该用"神欲"以心神来领会。

比如说乡村振兴的关键在于产业振兴(产业的发展可以给村民提供工作岗位、在经济上吸引年轻人),那如何才能发展产业?则必须加快农业的供给侧结构性改革、培育新型企业、强调"多元"发展;乡村生活条件差、传统文化落后,怎样才能达到乡风文明的要求?则要用教育、资源、人才等("有间")来填补。

这样够了吗?当然不。庖丁认为即使自认为已经到了"神境"也不能稍有松懈!"怵然为戒,视为止,行为迟。动刀甚微,謋然已解,如土委地。"[①] 乡村问题也是如此,越是困难越是不能轻易下手,一定要怵惕戒慎、眼神专注。只有"謋然已解,如土委地"之后,才可以"善刀而藏之"。

五 "养生"

细想之,"庖丁解牛"最后已经凝聚为《庄子》全篇的一个核心符号即"道",且庄子之"道"又具有更大更广的普遍性,如《天道》篇的"夫道,于大不终,于小不遗,故万物备"[②],又或者《知北游》篇类似泛道论的"无所不在",故此,我们可知"解牛"与"养生"二者内在的相通性:"道通为一"。文惠君闻庖丁之言得"养生之理",我们自然也可以看庖丁解牛得"乡

[①] 郭庆藩:《庄子集释》卷二上,中华书局1961年版,第119页。
[②] 郭庆藩:《庄子集释》卷五中,中华书局1961年版,第486页。

村治理之道"。"道"是《庄子》的核心，也是"庖丁解牛"的核心，但关键在于你如何通过这个终极性真理来实践。《庄子·养生主》的这篇寓言不同于以往庄子讲"道"，它不仅给我们展示了一条"进道"的方法，还借文惠君这条线让"道"又落回到了现实。或者说，当我们通过不断地实践得到认识，又通过认识的深化反作用于实践，以及再认识、再实践、再认识以至于得到真理时，终究还是要落到实处，或者"齐物"，或者"逍遥"，或者"养生"，如此才是薪火相传，不知其尽也！

文化哲学

庄子之求知

张文婷[*]

摘　要：儒家求知的目的是塑造理想人格与建构井然有序的和谐社会，强调学习的道德向度，道家追求人生精神向度的圆满，在个体消融于芸芸众生、外物与我合二为一中实现真知的获取。庄子求知之目的不是追求从自身的视角出发去认识世界与自我从而得出具有主观性、片面性的世俗之知，而是通过"知止"而入道的形上之知。求知的主体不再是囿于经验世界"机心"的常人，而是返回自然世界的本真状态以达到"通乎道，合乎德"的真人，求知的中介载体也不再依赖于由师言传身教、已字斟句酌的群书典籍，而是更加强调得意忘言、心领神会的直觉性认识。世俗世界中多为陷入外物桎梏与认知拘限的常人，常人需通过心神的修养与守持、认知的解构与重组将自己提升至真人的境界。本文旨在阐述常人在身心修养层面达至真人境界进而获取真知的方法。

关键词：形上之知　知止　言意之辨　机心　技进于道

"中国哲学，最注重人生。然而思'知人'，便不可以不'知天'，所以亦及于宇宙。至于知识问题，则不是中国古代哲学所注重的。但论人论天，都在知中。"[①] 张岱年先生这句话深刻阐释了无论是在哲学还是文化角度最切中肯綮的知识观。中国文化的学习，不是纯粹地获取知识，而是立足于人生，即修身养性得以更好地立足于社会。学习历法象数得以知人事知天命的目的也是服务于人生。反之，获得完满圆融人生的前提是掌握知识。在儒家文化中，《论语·述而》提及"君子博学于文，约之以礼"，这是孔子确立"志于学"的目的之后所学之内容，《论语·雍也》中提及"知之者不如好之者，好之者不如

---

[*] 张文婷，2019级安徽大学哲学系中国哲学专业硕士研究生。
[①] 张岱年：《中国哲学大纲》，商务印书馆2015年版，第717页。

乐之者",进一步明确了学习是需要情感来推动的。观《论语》《大学》等经典可知,儒家求知的目的是塑造理想人格与建构井然有序的和谐社会,强调学习的道德向度,以获取德性之知为实现修身养性、成就内圣的先决条件,再由此及彼、扩而充之到外王。同样,道家虽然采用避世的生活态度,但是追求人生精神向度的圆满,在个体消融于芸芸众生、外物与我合二为一中实现真知的获取。道家的代表人物庄子具有独特于儒家的知识论,他同样追求知识,但是其求知的目的不是追求从自身的视角出发去认识世界与自我从而得出具有主观性、片面性的世俗之知,而是追求通过"知止"而入道的形上之知。学习的主体不再是囿于经验世界"机心"的常人,而是返回自然世界的本真状态以达到"通乎道,合乎德"的真人,求知的中介载体也不再依赖于由师言传身教、已字斟句酌的群书典籍,而是更加强调得意忘言、心领神会的直觉性认识。

一 求知之知

庄子的知识在文本中可划分为至少两种概念,"《庄子》在这里将'知物'与'睹道'区分开来,从而更明确地划分了以物对象的经验之知与指向道的形上之知。上述意义上的经验之知常常被视为'小知',与之相对的形上之知或道的智慧则被理解为所谓'大知',对《庄子》而言,停留于经验层面的'小知',将遮蔽以'道'为对象和内容的'大知';惟有消除'小知',才能彰显'大知':'去小知而大知明。'"[①] 杨国荣先生曾以所学对象为物与道而区别所得经验之知与形上之知。经验之知也就是以世俗常人为主体来观察外物得到的物与己相对立的狭隘性知识,这类知识的狭隘性部分取决于世俗常人所生活的时空维度。"吾生也有涯,而知也无涯。以有涯随无涯,殆已!已而为知者,殆而已矣!为善无近名,为恶无近刑。"(《养生主》)人作为一个自然性的存在物经历着符合自然性的生成与消亡,人的生命在历史维度的宇宙长河里有着可测定的度量范围,在空间维度的冥冥众生之间也是渺若尘埃的,无法踏入全部地域去观察每一个客观对象。而作为人所认知的对象即我们所处的这个客观世界,它的存在与人类的存在之间有着无法磨合的矛盾性。客观世界从古至今持续存在着,用我们有限的生命里并不高明的认识能力去体悟无穷尽的对象世界,从而获得的知识并不完备与圆满,这类由己而发的知识所引导的价值观念

[①] 杨国荣:《体道与成人——〈庄子〉视域中的真人与真知》,《文史哲》2006年第5期。

具有机巧性与功利性，认为物我对立，扩充至社会层面演变而成：在利害、功名、欲望、毁誉等藩篱中，为了得其世俗之外在的"美与善"而身为物役、心为形役、思虑伤神。但是只要不知物我合一、是非无别的道理，终究落得"终身役役而不见其成功，苶然疲役而不知其所归"（《齐物论》）、离道远矣的悲哀境地。从以上意义上来说，知识遮蔽了对道的追求，但同时又凸显了在有限生命中追求真知的必要性。

庄子所真正追求的知识便是第二类的形上之知，与世俗之知相对，它也可以被称作无知之知。无知是与计谋、功利、计较、价值、得失等观念相反，去认识自我乃至世界的方式，它并非是人如襁褓之中婴儿般无知，而是以婴儿的纯粹代指如"涤除玄览"一般的经验状态。此类真知是超越语言、感官，只能通过感悟、体悟的与道合一之知。首先，真知既知人又知天。"知天之所为，知人之所为者，至矣。"（《大宗师》）知道哪些是天然的，哪些是人为的，便是认识的最高境界。人为的事情是以人所接触到的物作为认知对象，仅凭借自己的认知能力可以体会得到，但是面对整个自然世界作为认知对象，人类若没有"天与人不相胜、天与人为一体"的觉悟，是不可能对客观自然之规律与死生变化之道完整认知的，因此，真知之前提是人的精神修养达至纯真素朴、客观公正、超越生死的真人的状态。唯有纯素质朴的真人才能知天知人以达知之至也。其次，真知无是非无对立。由于个人不同的生活境遇以及认知角度所导致价值标准的取向不同，受制于自身己见的世俗之知无统一的判断标准。"物无非彼，物无非是，自彼则不见，自知则知之。故曰彼出于是，是亦因彼。彼是方生之说也。虽然，方生方死，方死方生；方可方不可，方不可方可；因是因非，因非因是。是以圣人不由而照之于天，亦因是也。是亦彼也，彼亦是也。彼亦一是非，此亦一是非，果且有彼是乎哉？果且无彼是乎哉？彼是莫得其偶，谓之道枢。枢始得其环中，以应无穷。"（《齐物论》）万事万物中彼与此是相对的，世俗之知最易犯的错误就是执着于己见，看不到对立的相互转变。绝对不能因为自己的视角倾向于彼的一面就否定此的存在，不仅"彼此"如此，生死、可与不可都处在相对变化之中，此类事物的死在彼类事物看来便是生，世俗之知皆因视角不同而产生无必要的各执一端与互相非难。至人超脱于经验的成见视域，通过自然的角度去观照事物的本然，那么彼与此、是与非、生与死、可与不可的对立性、差异性、分别性就泯灭消散了，一个"天地与我共生，万物与我齐一"的世界显露出来。实现个体与自然的真正融合，是非无别、物我无碍便是与道通为一的枢纽，真知犹如自然普遍性一般的包容性，可以保护生命、保全天性、养护身体、享尽寿命。人们所因生命的有限而陷入生与死、小与大、贵与贱、成与毁、利与害等桎梏统统被破除，使生命摆脱物质世界的局限，与大道合一，在因任自然之中成就自身无尽的自由与逍遥。

二　求知之方

由上可知，《庄子》一书中学习所要达到的目标是形上真知。有真人而后有真知，带有空明虚静之心的真人能够以道观万物，获得对宇宙万物本真状态的洞悉，破除是非对立、生死得失，使物我合一、圆融互通。但在世俗社会之中，更多的是陷入外物桎梏与认知拘限的常人，常人需通过心神的修养与守持、认知的解构与重组将自己提升至真人的境界。

第一，知止以入道，去智以保生。首先，知止以入道。"知止乎其所不能知，至矣；若有不即是者，天钧败之。"（《庚桑楚》）求知不能陷入一种殚精竭虑、劳形伤身的过程之中，要给身体以及精神留有修整之地、喘息之时。对知识的探求应当止步于不知之处，不能持有过于旺盛的好奇心与求知心，否则会违背自然，破坏道通为一的自然本性。《养生主》中提及"知有涯"，知止要先通过省察自身的认识能力来界定自身不知的境域，王博也认为："知识是没有止境的，但你的心该有一个止境。你该给知识划一个界限，也该认真思考知识和生命的关系。知识是为了生命的，而不是相反。"[①] 在生命面前，知识是立足于人生、为人生服务的，以求知而损害自然本性是愚蠢的做法。知止而达无知之境域，"故足之于地也践，虽践，恃其所不蹑而后善博也；人之知也少，虽少，恃其所不知而后知天之所谓也"（《徐无鬼》）。人脚下土地的占地面积很小，但是我们赖以生存的是我们无法踏足却包含脚下之地的广远的大地本身。人所知是有限的，此有限知识无法认知整个客观世界，只有我们所不可知的知识才能了解天道的自然。"道不可闻，闻而非也；道不可见，见而非也；道不可言，言而非也！""道无问，问无应。"（《知北游》）道无具形，不可问，言不达意，问也无法应答，道不存在于我们口耳相传、思虑见闻的知识之中，道是客观世界的存在本身，人自身不知的境域才是真正与道相通的知。

[①] 参见王博《庄子哲学》，北京大学出版社2004年版。

"六合之外，圣人存而不论。"（《齐物论》）因此，将求知之心收敛于不知之界，对于超脱天地的方外之域，追求全身保生的至人是存而不论的。

其次，去智以保生。"离形去知""绝圣去智"之"去智"即弃绝智欲巧利，勿使智识将欲望推波助澜于性分之外，须黜聪明。前面谈及将可得之知划定在一个范围，勿过分追求。除此之外，对于已得到的知识也不应过分外露。如老子所说"为学日益，为道日损"，近道是一个不断弱化自身以至与物混同、复归本真的过程。在社会作为方面须知无用即大用，在意识观念方面须知无知即大知。"东海有鸟焉，名曰意怠。其为鸟也，翂翂翐翐而似无能。引援而飞，迫胁而栖。进不敢为前，退不敢为后，食不敢先尝，必取其绪。是故其行列不斥，而外人卒不得害，是以免于患。直木先伐，甘井先竭。子其意者饰知以惊愚，修身以明污，昭昭乎如揭日月而行，故不免也。"（《山木》）祸患与排斥之所以不加于意怠鸟之身的原因是它可以做到虚己、无为，它飞行缓慢，不争不抢、不急不躁；栖息于群鸟之时，恬静自得；飞行时不争为先不落于后；饮食时谦让不争、宠辱不惊。《徐无鬼》中有一则寓言故事，一只猴子来回跳跃以炫巧技于吴王，吴王取箭射之，这只猴子不但不保身而退反之接箭以傲视吴王，最终死于乱箭齐发。物质内涵最饱满的水井与大树最先消逝，在群猴之中技能最超群的猕猴最先丧生，这是显露己能、卖弄己知的结果，大道流行而普遍万物，保身近道之人大智若愚、虚己复朴，自化再化天下人，绝不会显露己能似举日月而行。

第二，力破认知之困。常人在认知客观对象时很难逃脱物的思维限制，甚至会被过往的经历影响现在的判断。"知士无思虑之变则不乐；辩士无谈说之序则不乐；察士无凌谇之事则不乐：皆囿于物者也。"（《徐无鬼》）不同身份的人想要获得精神上的愉悦必须以身份相关的外物为载体，智谋之士需要头脑思虑的变换；口辩之士需要议论程序的条理性；好察之士需要明确分辨的事端；他们都沉溺于外物、受外物所拘限。"井蛙不可语于海者，拘于虚也；夏虫不可语于冰者，笃于时也；曲者不可语于道者，束于教也。"（《秋水》）这些认知的拘限性与常人所处的时空、常人所师承到不同的道德教化具有莫大的关系。

首先，是宇宙即时空永恒无穷性与人生短暂有限性之间的矛盾。寒来暑往、物换星移几度秋。从时间维度来看，时无止，时序不舍昼夜地变化没有止期，过去的流失，未来的生成，永远不会断裂，伴随其中的人事变迁也不会停止。生命限度为一个夏天的虫子不可与之谈论冬天的冰雪，冰雪是受时间固蔽而不可知之内容。再从空间维度来看，量无穷，即使是地域有限的一宫之间在一日之内而气候不齐，更何况是无限的六合八荒，在无限大的空间之内必定会产生无法度量的广大之物与不胜枚举的多类之物。地域限定为井底的青蛙无法与之谈论大海的无垠，大海是受空间拘限而不可知之内容。而人类处在这无限的宇宙之中，犹如太仓稊米、长河一瞬。认知囿于与自身生命长度与地域范围有关的外物，因此产生遮蔽体道真知的世俗之知。

其次，常人所师承的道德教化之不可融合性与真正道术之圆通无碍性的矛盾。因教化限定而知识浅薄的书生不可以与之谈论完备的道理，此道理是受礼教的束缚而不可知之内容。"天下之治方术者多矣，皆以其有为不可加矣！""天下多得一察焉以自好。譬如耳目鼻口，皆有所明，不能相通。犹百家众技也，皆有所长，时有所用。虽然，不该不遍，一曲之士也。判天地之美，析万物之理，察古人之全。寡能备于天地之美，称神明之容……悲夫！百家往而不反，必不合矣……道术将为天下裂。"（《天下》）方术与道术为两个不同派别，道术是阐述形上真理，展示天地造化的自然神妙，对宇宙人生作直觉性的全面完备之认知。方术之家众多，方术百家各有所长、各适其时，皆认为自己所学已析万物之理、察古人之全、已达至理，实际其所知实属一偏之隅，所知之人实属一曲之士。且相互之间各行其道、分裂久矣必不能通融。常人师承各家，深受各家认知观念、道德理想所浸润，终成一曲之士继而分裂道术。《则阳》提及蘧伯玉终生都与时俱化，在认知层面绝不泥古僵化，不满足滞执于已知的观念。他认为客观世界是变动不居的，因此我们的思考也应该顺时流动，非停留于具体之时或具体之事。概而言之，人的个体生命应与宇宙生命融为一体，认识到自身认知所受时空与教化的局限性之后，因任自然，勿执着固有的认识、皓首穷经、劳形伤神以追求已能所不达之知；以道观之，破除所承教化之私见、弥合对立与分裂，以得道术之至理。

第三，弃言与书以神会。学习的中介载体也不再依赖于由师言传身教、己字斟句酌的群书典籍，而是更加强调得意忘言、心领神会的直觉性认识。首先，圣人行不言之教。"夫道未始有封，言未始有常，为是而有畛也"，"道隐于小成，言隐于荣华。故有儒墨之是非，以是其所非而非其所是。欲是其所非而非其所是，则莫若以明"（《齐物论》）。道原本无所不在，没有相对彼此是非之分界，容纳一切。言论原本没有具体的标准，却为辨明是非而产生了不同的标准，正如一曲之士自恃其方术为至理，例如儒墨两家在言论的是非争辩中否定对方所是、肯定对方所非，实际违道远矣。此时，片面的见解所得之成就遮蔽了真正的道，巧辩伪饰的言辞阻碍了背后真正的意蕴。言粗意精，语言是描述具体之物、将事物分门别类的存在，而道是普遍包容万事万物、将事物抽象为某一可感知的存在，以言述道只会割裂道统一无限的状态。并且，语言无法完整地再现经验世界之中认识活动的过程。《天道》谈及轮扁斫轮的寓言故事，始于轮扁批评桓公所读圣贤之书为糟粕，并以所从之事释之，他经过大半辈子斫轮的技艺实践，"不徐不疾，得之于手而应于心"，早已达到得心应手、出神入化的地步。但是这项技艺无法以言传身教的方式给予儿子，是因为神妙存于技艺之中，但是言论无法将技艺背后的神妙完整准确地传达出去。桓公所读圣贤之书与之类似，圣人的真意是无法通过书本中的言语传达准确，并且此书之残缺之意也不一定适用于如今日新月异的世界。"夫知者不言，言者不知，故圣人行不言之教。"（《知北游》）体道之人明了道的不可言说性以及言的终不尽意性而选择缄口不言，而真正对道论侃侃而谈的人之所言非真正的道，言论无法再现事物的本然状态，所以圣人施行的是不用言传的教育。天地大美、四时流变，圣人因任自然无所作为，实际等于已感悟到了世俗世界中需细致观察的最本根的存在。

其次，由言语所构成的书本依旧不达意。言语主要是通过所见之形与所闻之声表现出来的，所见之形主要是文字与色彩，所闻之声主要是名称与声音。书本由人们口耳相传之声与名以文字为中介被记录所成。"世之所贵道者，书也。书不过语，语有贵也。语之所贵者，意也，意有所随。意之所随者，不可以言传也，而世因贵言传书。"（《天道》）受其他学派的教化影响，常人普遍认为言语是传达道义的有效手段，因此道存于前人述而著写的书本之中。但实际上，庄子提出言语在传意过程之中具有无法准确描述物之本然状态的消极作用，因此所著之书也只不过是由残意概念所构成的工具而已，不足以博识以求道。

第四，"书不尽言，言不尽意"（《周易·系辞上》）。眼之所见、耳之所闻不如心之所明。圣人借助道心观之，直观事物之本真的存在状态、感悟物与我合一的圆融世界，但是对于身处经验世界之常人来说，固有的世俗之知由世俗之心观外物而得。想要获取与道合一的形上之知，必须要扫除世俗之心的蒙蔽。世俗之心即成心与机心，二心是与纯粹自然相对之心。首先，成心是成见之心，即以自我为中心、将己见施加于他人的主观偏见之心，以成见之心作为常人处事的判断标准，天下就没有一个超越世俗是非之辨的共同标准。"夫随其成心而师之，谁独且无师乎。"（《齐物论》）成心存之，看待外物的视角会越发地封闭、狭隘。在实践层面延伸开来，局限于狭窄视野中的常人便会产生不可变通的求胜意识与固执己见的不可调和意识。《至乐》篇中有一则鲁侯养鸟的寓言故事，鲁侯令飞落在鲁国郊外的海鸟居于太庙，用人所爱饮之酒与爱食之太牢喂之，用人所陶醉的音乐来取悦它，用养人的方式去养鸟，不得鸟之所乐，三日鸟亡。这与以己之成心作价值判断、将己见强加于他物具有一致的愚蠢性。

其次，除成见之心外，在与物相接触时，会被纷繁庞杂的外物所迷惑，失去追求遵循自然之道心的动力，偏向轻松机巧之捷径，产生机心。"有机械者，必有机事；有机事者，必有机心。机心存于胸中，则纯白不备；纯白不备，则神生不定，神生不定者，道之所不载。"（《天地》）机心是机巧、机变之心。此篇是子贡与灌园的老人之间阐述相反观念的对话，子贡作为一名商人，处理外物时多有意采用最快捷的却有悖事物进化常态的方式，他提出灌园之事可采用省时省力之方式，即凿木为机械。老人嗤之以鼻并提出机心这一概念，机械的出现一定是因为有需要机械的机事，使事情沦为机巧之事的人必定带有机心而有意为之。机心存在于胸中不能保全心灵的纯洁空明；心灵累于物、陷入俗，便会心神不宁；心神无法集中便不能体道。机心作用于外物继而产生的技与欲，在欲望的诱惑下进一步产生虚伪诈巧之事，在互动交流的社会中，人们之间的怀疑算计会产生物欲的争斗。并且，技与欲所获得之便捷简易感继续助长机心的滋生，三者相生相长。因此，治其内，去除最根本之机心，自然无为、虚心安神是近道与获得真知最正确的方式。

最后，扫除内在成心与机心，需心思纯一、专心一志，守其心不令其外驰，才能虚室生白，即把握心斋的心灵修养方法。"若一志，无听之以耳而听之以心，无听之以心而听之以气。听止于耳，心止于符。气也者，虚而待物者也。唯道集虚，虚者，心斋也。"（《人间世》）心斋，即内心的斋戒与净化。保持心思的专一，舍弃感官之耳与感应之心，因为耳朵与心都不能与大道相通，有所终止。耳朵止步于聆听，心灵止步于感应。"而气，即心灵活动到达极纯精的境地，换言之，即是高度修养境界的空灵明觉之心。"[1] 以气去感应

---

[1] 陈鼓应：《庄子今注今译》，中华书局1983年版，第104页。

外物,游心于恬淡之境,心灵虚静如明镜一般,剔除主观妄见与欲望,剥落外在世界之桎梏,涵容大道。《达生》篇中佝偻者承蜩,其技艺出神入化之因是"用志不分,乃凝于神",保证内心凝练、心无二念。善游者忘水、如履平地,也是因为心思专一、守其心而不外驰于不相关之物。在世俗间生存,抛弃从成心与机心出发有意追求事情的功利、动机、目的的取向,体悟本性、修养内心、抱守精神以至"明白太素,无为复朴"这类真朴明澈、无为无不为之境界,才会做到目击而道存。

第五,技进于道。内在以虚静之心感悟道,外在以具身之技来体悟道,求知须落实于实践。杨儒宾先生在解释"技"时说:"解牛这个事件之所以能够完成,当然要预设屠夫对牛有某种的知,进而能够依此知以解牛,但这样的知是实践的,它是一种技艺。技艺之知最大的特色是这种知不只存在于大脑,它更具化于全身,尤其具体化于手。引导解牛行为的主体,绝不是理智,而是全身。"[①] 杨儒宾先生将具化于身的知称为"体知"。《养生主》篇文惠君称赞庖丁解牛时娴熟神妙之技艺,庖丁对其技艺达到如此出神入化境界之原因做出经历的阐述,"臣之所好者道也,近乎技矣。始臣之解牛之时,所见无非全牛者。三年之后,未尝见全牛者。方今之时,臣以神遇而不以目视,官知止而神欲行。依乎天理,批大郤,导大窾,因其固然,技经肯綮之未尝,而况大軱乎……彼节者有间,而刀刃者无厚,以无厚入有间,恢恢乎其于游刃必有余地矣。是以十九年而刀刃若新发于硎。虽然,每至于族,吾见其难为,怵然为戒,视为止,行为迟。动刀甚微,謋然已解,如土委地"(《养生主》)。庖丁解牛经历了三个阶段,一开始面对的全牛,是与庖丁主体完全对立的客观对象,此时思虑再三、技巧未生因而无从下手。三年之后,经过身体的不断实践操作,所得之技艺已由生疏转变至熟练,所见对象已由混沌转变为具体,主体与对象的完全对立状态逐渐消融,此时已不再踟蹰不前、刻意斟酌如何下手。如今,所得之技艺已由熟练转变为出神入化,所见之对象已由具体转变为普遍的超验本体,达到物我两忘、主客无待的境界。在技艺长期的实践积累中,牛身上之自然经络肌理已了然于心,庖丁以自然的心领神会取代了有意的官能作用。以无厚之刀入经脉筋骨之隙,将牛身之道了然于心通过手之中介与客体贯通。此时心手合一,虚静空明之心与合乎规律之身共同接近于形上之知。心理

---

① 参见杨儒宾《儒门内的庄子》,台北联经出版事业股份有限公司2016年版。

学的具身认知赋予身体在认知的塑造中以一种枢轴的作用和决定性的意义，在出神入化的技艺施于客体达到主客圆融合于道的境遇下，长期由任自然的身体实践活动起到了不可置否的作用。虽然技艺已经达到了搁置官能、游刃有余的地步，但是庖丁在面对盘根错节的筋骨之处，再拾官能，眼神专注、手脚谨慎。技艺属于形而下的操作性经验知识，会受到外物以及人为的对立限制。要始终防止技艺作用的对象从超验普遍之道的境域下落到经验具体之器的境域，像守其心不令其外驰一样守其技不令其退却，为此，身体之合乎规律的实践至关重要。

三 结语

庄子是战国中期的思想家。此时他所处的时代正立于礼崩乐坏、兵戎相见、兼并战争不断的社会剧变之下。"春秋之中，弑君三十六，亡国五十二，诸侯奔走不得保其社稷者不可胜数"[①]，"篡盗之人，列为侯王；诈谲之国，兴立为强。是以转相仿效，后生师之，遂相吞并，并大兼小，暴师经岁，流血遍野，父子不相亲，兄弟不相安，夫妇离散，莫保其命"[②]。这两段描述可见往世推崇的仁义礼乐、名分秩序早已被无尽追求利己主义的强国政策所吞没，诸侯与天子阴阳易位，邦分崩离析，父子与兄弟叶散冰离，家四分五裂。然而此时也是文化思想盛极一时的时代，各诸侯国在纷争下急需可以富国强兵的人才，百家争鸣应运而生，儒家积极入世，代表人物孔子穿梭于各诸侯国之间通过宣讲自己的学说来缘遇人生伯乐以救民于水火之中。道家消极避世，追求人生精神向度的圆满，在个体消融于芸芸众生、外物与我合二为一中实现精神的自在与逍遥。"对生命主体的追问、对生命意义的求证、对生命价值的肯认、对生命存在的体悟、对生命境界的攀升构成了中国哲学的精神特质。"[③]惠吉兴先生认为中国哲学的精神本质在于安身立命，正如张岱年先生所说，中国文化是立足于人生的文化，庄子注重人身与心的养护与守持，其思想属于生命哲学。庄子目睹了战乱频发的残酷社会，感受到常人在战乱之中如芥草般无助，其内在自然本性被外在的生死存亡、计较毁誉、功利得失、贵贱祸福所桎梏，在彼此的物欲纷争、是非争辩之中劳形伤神。"他试图通过回归自然以拯救社

---

① 《史记·太史公自序》。
② 《战国策·刘向书录》，上海古籍出版社1985年版，第1196页。
③ 参见惠吉兴《中国哲学精神》，广东人民出版社2007年版。

会和人生,借以摆脱人生困境进而获得精神世界的绝对无待的自由。残酷的社会环境,使庄子对社会和人生的困境或绝境有了深刻而敏锐的认识以及对自由的强烈渴望和无限憧憬。"[①] 因此,他将此生发万物、包容众生之形上之道作为人生求知的目标,使人认识到在道所包含的宇宙万物之下经验世界中的人类自身的渺若尘埃性,唯有在体道的过程之中才可以逐渐获得人生的价值与真正的快乐。庄子之真知的目的是帮助常人在纷乱社会之中保全自然天性、保持内心安宁、养护生命使其享尽寿命。

[①] 王素芬、孙绍斌、谷海英:《庄子人生困境思想的时代背景探析》,《保定学院学报》2018年第6期。

庄子思想与安徽的乡土文明

陈 群[*]

摘 要："日出而作，日落而息，逍遥于天地之间"，在这里庄子描绘了一幅小农经济的画面。庄子的思想作为中国优秀传统文化的一部分，在农村的发展过程中也展现着它独特的魅力。在现代化新农村建设中，乡村振兴战略的20字方针："产业兴旺""生态宜居""乡风文明""治理有效""生活富裕"无一不渗透着浓厚的中国传统文化的气息。随着农村生活水平的不断提高，除了我们物质上的要求外，乡村发展的内在底蕴也逐渐以各种形式呈现在我们面前，比如过去人们在忙碌后只能挨家挨户地串门、唠嗑，如今广场舞、书屋成为人们一种新的娱乐和自我提升的方式；祭祀、戏曲也始终保留着乡村的文化底蕴。

关键词：莫若以明 生态文明 农业 现代化

一 庄子"莫若以明"的方法论

（一）庄子"莫若以明"的讨论

庄子的"莫若以明"思想，学者们给出了不同的理解，冯达文等认为"莫若以明"就是庄子的不可知论，在他们看来庄子的观点就是认为事物是不可认识的，而郭齐勇却给出了不同的解释，"莫若以明"，就是用"明"的认知方法，去洞察事物，跳出事物的藩篱，破除己见，达到对事物的初步认识。[①]清代王夫之言道："莫若以明者，皆非有明者。间间闲闲之知，争小大于一曲智慧也。"他认为一些自认为已经认识事物的人并非真正地认识事物，只不过是一些小智慧罢了，接着又言："滑凝之耀，寓庸而无是非，无成亏，此则一

---

[*] 陈群，女，1995年生，安徽六安金寨人。2019级安徽大学哲学系硕士研究生。
[①] 郭齐勇：《中国哲学史》，高等教育出版社2006年版，第81—89页。

知之所知而为真知。然后可谓之以明。"①

"以明"在《庄子·齐物论》中出现了三次，对于理解庄子思想起到了重要作用。"明"的初步是"莫若以明"，即打破对事物概念的执着，从而才能更深层次地认识事物的真理，庄子曰："彼出于是，是亦因彼，彼亦方生"；又曰："枢始得环中，以应无穷。是亦一无穷，非亦一无穷也。故曰：莫若以明。"世间万物都是同时相存，相待而生的，人们看待事物也都依照着自己的偏爱、立场和经验出发，具有一定程度的片面性，由此庄子提出了更深层次的"明"——"道枢"，这是从最高角度来对事物进行全面的认识，各种真理与知识各安其位，并行而不相互冲突。

庄子的"莫若以明"，一般看法是第二种，即认为它是一种可知论。庄子在《知北游》中写道："不知深矣，知之浅矣；弗之内矣，知之外矣。"对事物的认识先由表面现象入手，层层递进，最后达到对事物深层次以及本质的认识，正是这种可知论启迪后人的智慧，在方法论上提出了"缘督以为经"的养生方法。对于庄子思想的研究各界学者仁者见仁智者见智，《庄子研究四十五年》一文把庄子思想的历史作用做了一个纵向比较，不同的年代，哲学家们对于庄子的重视程度也有所不同。②

（二）"莫若以明"与安徽近现代农业发展智慧

庄子的认识论思想渗透在近代农业发展中，以安徽金寨为例，在20世纪80年代，农村的耕种方式还是以传统的牛耕为主，依靠人力和畜力结合，这个方法相对于遥远的过去而言，已算得上是先进之物，但是人们的认识随着实践的发展而不断深入，对于农村耕作方式也正是由"浅知"到"深知"。

一只秃鹰还不会飞翔时，其面貌不那么赏心悦目，但它经历了一系列风雨后，不断提升自己飞翔的技巧，最终变为一只让人震撼的翱翔中的雄鹰。安徽的发展如同这只秃鹰般，在实施了一系列改革开放政策之后，逐渐变成一只展翅高飞的雄鹰。自改革开放尤其是党的十九大以来，安徽农村在国家改革的光辉下，不断前行，艰苦奋斗，逐步走向生活水平升级。1978年以来，安徽农村无论是经济或者教育方面都有着显著的变化，并从生理层面的需求逐渐发展到文化层面的需求。在党的十九大上，习近平总书记提出了中国现阶段的主要矛盾："人民日益增长的美好生活需要和不平衡不充分的发展之间的矛盾"，与

---

① 吴根友：《读庄献疑——〈齐物论〉"莫若以明"新解》，《中国哲学史》2005年第4期。
② 李霞：《庄子研究四十五年》，《哲学动态》1995年第6期。

过去相比，主要矛盾的转变，正反映了中国生产力水平提高，人民需求向更高级转化，而安徽省在国家改革的背景下，抓住改革的福利与机遇，人们从吃、穿、住、行的需求逐渐转为精神层面的需求。

《庄子·齐物论》描绘了一种"万物与我齐一"的自由的境地，安徽农村物质飞速发展的今天，人们已不再仅仅局限于物质温饱，或者说物质阻碍已经解放，人们越来越倾向于庄子思想中的自由境界，其发展也正呼应了庄子关于农村经济的构想："夫至德之世，同于禽兽居，族与万物并，恶乎知小人哉！同乎无知，其德不离；同乎无欲，是谓素朴；素朴而民性得矣。"在中国经济发展过程中，最为薄弱的一环就是农村，党中央为此颁布了一系列政策，比如免除农村中小学学杂费，推广农村公费医疗，保障农民工工资按时发放等，着力解决"三农"问题，循序渐进，农村经济得以快速发展，由此庄子所提倡的德行在农村得以高涨。庄子认为在这个时代，人可以和飞禽走兽一起居住，人们没有贪欲，质朴纯洁，这样人们的本性——德性，就慢慢呈现，并且保持着这种德性有所发展了。

二 庄子思想与安徽现代化农村思想的碰撞

（一）庄子的"和谐"与农村的生态文明

"生态宜居""乡风文明"，是我们追求人与自然相处的和谐之道，庄子思想作为先秦儒家思想重要一支，不可忽略的是其关于人与自然和谐相处的讨论。人们经常把老子和庄子并列在一起，俗称"老庄哲学"。老子曰："域中有四大，而王居其一焉。人法地，地法天，天法道，道法自然。"在这里无论是老子还是庄子都认为道是宇宙万物生成的原因，母体无生无灭，以自己原初的那个样子为自己的生存法则，这里也着重强调了万物之间的和谐并存，即可以用中国哲学中"天人合一"一词来概括。庄子言道："通天下一气耳。圣人故贵一。"万物的统一与并存之道，人与自然和谐相处是重中之重，近年来发生的地震、泥石流以及海啸等自然灾害让我们意识到人在自然面前是多么软弱无力又无可奈何。人们于是开始更加敬畏自然，找寻人与自然之间共同生存的法则，自然赋予人类取之不尽用之不竭的资源和生命，反过来我们不能毫无休止地挥霍，怀着敬畏之心善待自然，也就是在未来善待我们自己。庄子说，"顺物自然而无容私"，《易传》说，"夫大人者，与天地合其德，与日月合其明，与四时合其序"，都是要求人的活动要与自然规律相一致，既保护了自然，又延续了自己。①

和谐哲学既是治世妙道，也是处世箴言。安徽金寨县，多山多丘，农民以茶叶和板栗为主要的农作物，过去交通不便，人们无休止地开辟土地种植水稻，各种生态问题并没有得到人们足够的重视。虽然多山多水，但是种种生态问题并没有让人们觉得风景宜人，环境污染也严重地威胁到村民的健康。在经济转型后，村民不注重保护环境的陋习得到了一系列的治理。经过一段时间的沉淀，安徽大部分农村已经焕然一新，旅游业也已勃然兴起，绿水青山，蓝天白云，不仅吸引了大批游客，也有力地带动了当地的经济发展，造福了一方人民。徜徉在绿水青山、风景如画的农村乡土，让人感受到《庄子·齐物论》中的"天地与我并生，而万物与我为一"的绝妙境界。

(二) 农村乡土的审美韵味

安徽"香"土孕育着安徽土地，依山傍水，生活条件大大提升后，人们也开始追求一种审美风尚，或者说是庄子所说的一种精神境界。比如安徽蒙城的"庄子祠""梦蝶湖公园"，安徽金寨的"天堂寨"，安徽黄山风景区等人文和自然旅游景点，都为人们增添了超越天地之外又与大地合一的审美愉悦。

庄子的哲学思想中包含的审美理论也被后人纳入中国传统美学当中。庄子关于审美的心境提出了"坐忘""心斋"，要求放空或者洗涤掉附在内心的经验成见、欲望和价值判断，自虚其心，恢复其灵台明觉的功夫，这就是一种审美体验。安徽农村大部分地区的发展不仅在物质方面进步飞快，更加注重人文精神，同时在经济发展中又注入了传统的人文味道，这样人们在消费时不仅关注其外在，也更加倾向于精神享受，后代陶渊明受庄子影响也颇大，言道："采菊东篱下，悠然见南山。"这种乡村田野风景图勾勒出庄子那种无忧无虑的自由境界，庄子直接谈美的思想并不多，但一直贯穿着泛美主义的"美学"精神。李泽厚说："庄子哲学即美学。"②

(三) 庄子心灵港湾的栖息佳地

在世俗中，总是免不了对各种功名利禄的追求和执着，无论结果如何，总希望在现实中找寻庄子所言的超越天地，暂时忘却烦恼的栖息地。庄子在《逍遥游》中描绘了摆脱精神束缚，获得自由后的境地："若夫乘天地之正，而御

---

① 陈红映：《庄子思想的现代价值》，《思想战线》2000 年第 6 期。
② 李振纲：《论庄子思想之美》，《哲学研究》2007 年第 7 期。

六气之辩,以游无穷者。"① 在现实中我们只能暂时摆脱物欲的烦恼,找寻一处给人心灵慰藉的净地,于是到"天堂寨"旅游,或者是去"庄子祠"游览,来洗涤尘世间的羁绊。当然心灵港湾的栖息佳地人们大部分选择安静、僻静的乡园。利用假期,很多外地人选择了安徽农园或者旅游胜地,庄子有言:"物故有所然,物故有所可。无物不然,无物不可。"这是说万物都有其存在的合理性。又言:"凡物无成与毁,复通为一。"(《齐物论》)万物之间相互转化,自我毁灭,自我生成,庄子在这里提出事物的辩证性,正如生活,人们经历着磨难或者是人生的大起大落,有的人并未参透人生的两面性,在困难面前止步,生命也因此落幕,而有的人能够迎难而上,挣脱生命的束缚。生命中难免有些困难和磨砺,有些需要我们调节自己的心态从自然中感悟生命,一旦愈合,收拾行装,我们变得更加强大。在安徽大部分乡村,当我们面对绿草如茵或者是山间的树木葱茏时,或者是面对哗啦的小溪时,总能感到心旷神怡,达到一定的精神自由。郭象发展了庄子的思想,提出了"独化",认为万物是自己出现、自己存在,并主张调和"名教"和"自然"的关系,这里所谓的"名教"指的是世俗功利以及社会道德约束,提出顺应名教的规范,就能各随其欲、各尽其性,实现自然。我们摆脱不了社会当中的名教,但是我们可以顺应社会的条条框框,调和这种约束和自由的关系。

三 庄子哲学思想与安徽乡村发展的启示

长期以来很多人认为老子和庄子的思想是消极遁世、逃避现实的,但深析老庄思想并非如此,"无为"并非完全无所作为,而是顺应自然,发展自己。在四大名著之一《红楼梦》中曹雪芹运笔的方式就倾向于道教,所反映出的"无材""自适"均源于庄子,现实磨难重重,最终也回归精神境界的自由。② 所以现代乡村发展的趋向,不仅仅是庄子《齐物论》中的平等观,也要在《逍遥游》中找寻精神上的饱满与回归,同时仅仅精神的空谈太过空洞,而单纯地发展物质,则又脱离了一定文化的涵养,只有将精神与物质双重结合,才会起到意想不到的作用。庄子强调"全性保真",追求宇宙的形而上的"道",从而达到一种超脱世俗的自由。③ 我们在消费产品时,也在感受它的文化熏陶,

---

① 杨国荣:《庄子的思想世界》,北京大学出版社2006年版。
② 赵苗:《庄周化蝶梦红楼——庄子思想与贾宝玉的精神世界》,《红楼梦学刊》2010年第3期。
③ 沈振奇:《〈孟子〉与〈庄子〉文学的比较研究》,《艺术百家》2018年第2期。

耳濡目染，这种文化底蕴浓厚的安徽乡村，经济上的发展必将所向披靡，不可撼动。

　　有了沉淀几百年的文化底蕴，安徽的发展将势如破竹，乡村文明也将会成为一道亮丽的风景，乡村的现代化治理也将更加迅速、有效。庄子的研究千千万，但是庄子书中的精神世界和归属却是始终归一，安徽的乡土文明在庄子等的文化熏陶下，将会从文明乡村一直发展到文明省会。

学术争鸣

《庄子·齐物论》的古学今用

庄伟祥[*]

摘　要：2018年3月20日，习近平总书记在第十三届全国人民代表大会第一次会议讲话中提道："中国人民是有伟大创造精神的人民。在几千年历史长河中，中国人民始终辛勤劳作、发明创造，我国产生了老子、庄子、孔子、孟子、墨子、孙子、韩非子等闻名于世的伟大思想巨匠。"中国的伟大思想巨匠，他们穷其一生的精力和智慧，为人类留下了珍贵的思想宝藏和经典哲理。本文透过近百年不同名家对《庄子》的注解，让大家了解先哲对《庄子》的经典点评，对古代思想巨匠的探究，借此为大家带来《庄子》智慧的点滴甘泉，让古代思想巨匠的智慧为世人所"用"。

关键词：庄子　南华真经　齐物论　平等　绝对平等

一　前言

《庄子·齐物论》是《庄子》三十三篇中的核心，要了解《庄子》，先要对庄子本人有所认识，结合《庄子》全书，才能使《庄子》为大家所"用"。据《史记·老子韩非列传》载："庄子者，蒙人也，名周，周尝为蒙漆园吏，与梁惠王、齐宣王同时。"庄子是战国时期伟大的思想家、哲学家、文学家，更是中国本土道家思想的代表人物。

庄子超越的思想源自《易》道，并承传老子的道家思想，是道家学派的始祖之一，与老子思想合称为"老庄思想"。

二　《庄子》与庄子的定位

刘勰《文心雕龙·宗经》曰："经也者，恒久之至道，不刊之鸿教也。"

---

[*] 庄伟祥，安徽省庄子研究会会员。

比喻"经典"经得起时间考验、经得起环境的改变而历久不衰。《庄子》经历两千多年，至今流传于世，足以证明《庄子》是恒久之至道，不刊之鸿教。

清代国学家戴震（1724—1777年）有云："经之至者，道也。"说明经之至者，能通达天地之道，即今天所讲的"自然的规律"。而《庄子》实属经典之至者。

孟颖集注《先天解庄子·南华经义疏注》提到《庄子》曾被唐朝玄宗（唐明皇）封赐为《南华真经》。早在唐代（约1300年前）《庄子》正式被确立其《南华真经》的经典地位。

三　历代学者对《庄子》的研究

晋代竹林七贤之一阮籍《阮步兵集》有《通易论》《达庄论》和《通老论》。以《易》《庄子》和《老子》成一系列。《达庄论》曰："今庄周乃齐祸福而一死生，古学今用以天地为一物，以万类为一指。"笔者认为，能通达《庄子》者，观祸福齐同，视死生齐一，齐天地万物。《达庄论》又云："天地生于自然，万物生于天地。"因此，万物处于天地之道，本无贵贱高下，我们存有贵贱之心，是基于郭象注《庄子·秋水》篇云："以物观之，自贵而相贱。以俗观之，贵贱不在己。"《达庄论》云："自其异者视之，则肝胆楚越也，自其同者视之，则万物一体也！"所以要视万物真正齐一，若无郭注《庄子·秋水》篇所云："以道观之，物无贵贱"之心，一切所言也只不过流于表面，也只不过是以物、以俗观世间万物，存在成见、分别之心的结果。今天国际社会出现的两极化，一些地区的领袖，一边讲求平等的精神，一边实行种族主义、优先主义，歧视不同种族，制裁不同人士，甚至限制他国发展等，这就是人的成心成见所产生的双重标准，这就是"以物观之，以俗观之"产生的"狭隘平等精神"，距离真正"以道观之，物无贵贱"的"绝对平等"，或与真正的大爱包容，相差实在太远了！

国学大师章太炎先生（1869—1936年），曾是同盟会孙中山先生的盟友，在辛亥革命前后这段艰难日子致力于《庄子·齐物论》的研究，并建立了先生对"齐物"思想的独特见解，章氏提出的理想世界图景被称作"齐物"，并于1910年著有《齐物论释》，以全面展示他的"齐物"思想。章氏《齐物论释》云："齐物者，一往平等之谈，详其实义，非独等视有情，无所优劣，盖离言说相。"章太炎先生主张的是对自然万物平等关系的体现，万物无优劣之分。

章先生的主张，就是"绝对平等"的境界。日本哲学家石井刚的《齐物的哲学》认为："章氏的'齐物'思想表现的世界观是在所有的个体之间的'绝对平等'关系之上成立的多样化世界图景。而这种'绝对平等'，是所有事物都独一无二，'齐物'就是'不齐而齐'的平等。"笔者认为，唯有达至《庄子》的道通为一，以道观之，物无贵贱，才能视为真正的"绝对平等"。

《齐物的哲学》中引述刘师培先生的《中国哲学起源考》曰："太古之初，万物同出于一源，由一本而万殊。"刘师培先生提出的万物同源而万殊，本源相同，但各有异殊。刘师培先生又在《无政府主义之平等观》提到人类共同三种心理："自利心、嫉妒心与良善心。"这三种心理，概括了人类因自我中心而形成的自利心，因成心产生的嫉妒心，但仍然保留一点恻隐的良善心。正因为这三种心理存在于不同的人，殊而不同本是人类与生俱来的特性，但如果这种殊而不同的心理被形成两极化，人类心理就会各走极端，相信会为未来带来一种可怕的后果。宏观今天社会的两极化，不但是贫富两极、思维两极，甚至行为也渐趋两极。这是一种因恶性循环而产生的两极现象，而人类的自利心、嫉妒心也会随时间与日俱增，不断膨胀，反而良善心却被一点一滴地蚕食。这难道是我们向往的未来世界？《庄子》经历两千多年的时间流逝，依然为世人所乐道，总有其存在的价值和道理。

德国哲学家黑格尔（1770—1831 年）说："凡是合理的都是现实的，凡是现实的都是合理的。"英国进化论的奠基人达尔文（1809—1882 年）的自然进化理论认为："凡是合理的都是存在的，凡是存在的都是合理的。"世间万物，彼此的存在虽有差异，而且不同，但有其存在的现实和合理因由。这种现实和合理因由，或许正是《齐物论》流传至今的有"用"之道。

《南华真经》[崇祯贰年辛未（1629 年）锓，周蒙漆园吏庄周著，晋竹林贤士向秀注]内篇《齐物论第二》："物论不齐，思以齐之。""战国时，更相是非，庄子以为不若是非两忘，而归之自然也。"今天，不少人评论事物，只站在现今的时空，做出自以为"是"的评论和见解。这些存在成心成见的是非论述，目的只是引导或误导别人相信论者所讲的"是"，而并非从客观及多角度去评论和分析事物的本质。庄子生活在战国时期，战火不断的乱世，当时人的平均寿命只有三十四岁，而庄子自辞去漆园吏后，终身不仕，过着清贫但不潦倒的生活，却能终年八十四岁。反观今天社会，不断鼓吹物质生活，人的思想充满着享乐主义，一切的追求以"利益"为主导。急功近利，尔虞我诈，为求自身利益，可以不择手段，行为没有最卑鄙，只有更卑鄙。言而无信、反口覆舌等劣行，我们可以在新闻与媒体报道中反复看到。而可悲的是，这种劣行的种子会植根于我们的下一代，而且不断蔓延，永无休止。所以《南华真经》提示我们："不若是非两忘，而归之自然也。"

四　《齐物论》之古学今用

《庄子·齐物论》，笔者最初的理解是以"物"为论体，以"齐"为准则。而历来不少先哲、学者及名人对《齐物论》都存有不同论述，当中有"齐物论"、"齐·物·论"、"齐物·论"、"齐·物论"、"齐论·物论"……正因如此，要了解《齐物论》，首先要了解庄子对"道·物·俗"的三层观点。钱穆先生的《庄子纂笺·秋水》篇云："以道观之，物无贵贱；以物观之，自贵而相贱；以俗观之，贵贱不在己。"这正是庄子对世间万物的三重层次的观点与领悟。

（一）《庄子》三观：道、物、俗

首先从"道"最高层次的观点，世间存在的所有事物没有名字、分别、成见、成心、贵贱、高下、善恶……一切事物的存在不存有区分，只存有其现实和合理的原因，以"道"的层次而言，万物存在是"绝对平等"，达至齐同、齐一，真正没有彼与此之任何差异和分别。《庄子集解》（上海校经山房成记精印，长沙王先谦版）内篇《齐物论》引言："天下之物之言，皆可齐一视之，不必致辩，守道而已。"郭庆藩辑《庄子集释·齐物论》云："凡物无成与毁，复通为一。"只有真正参透领悟"道"而又达至"道"这一层次的圣人、神人、至人，才能明白万物之中齐一的真君或真宰。陈简亭鉴《庄子雪·齐物论》云："唯达者知通为一。"即只有达至"道"境界者才能观万物齐一。

其次是"以物观之，自贵而相贱"。人贵为万物之灵，这一层次的道理就是今天社会的普遍现状。大至不同种族，细至自己身边的事物，都是以自"我"为核心，存有亲疏、重轻、先后、贵贱、偏见、善恶、对错……一切皆因有"我"，有了"我"的存在，成心成见自然产生，高下贵贱等分别自然存在。只要大家从上学、工作、生活、待人接物和社交活动等方面细心观察，成见成心与我们近在咫尺。古语有云："道不同不相为谋。"对待不同的政治事件，即使是好朋友也会因为政治立场不同而产生矛盾，关系恶劣者甚至不理不睬，分道扬镳。这些是非矛盾，存在于现今不同地区、不同国家，甚至存在于国家内的不同地方、不同家庭、人与人、人与物等。这本是"物"的本性,也是"道"与"物"观之差别。

最后是第三层次:"以俗观之,贵贱不在己。""俗"是社会上长期形成的风尚、礼节、习惯……"俗"可变可不变,可大变又可小变,可快变也可慢变。人活在世俗,要学会随俗而生,顺时而活。正如我们到外地旅行、工作和学习,首先要了解当地的"俗"与自己生活的"俗"的差异,懂得入乡随"俗",才免于不必要的烦恼和祸害。林云铭《精校庄子因·养生主》云:"安时而处顺,哀乐不能入也。"无哀无乐,活得平凡而逍遥,相信是不少参悟大道者向往过的日子。懂得《庄子》的三观,能用于生活之中,自然能辨别事物的本质,免于陷入迷糊之中。

(二)认识事物本质,免于迷失,被人蒙蔽

"朝三暮四"是《庄子·齐物论》其中一个发人深省的故事。刘武《庄子集解内篇补正·齐物论第二》云:"劳神明为一,而不知其同也,谓之朝三。何谓朝三?狙公赋芧,曰:朝三而暮四,众狙皆怒。曰:然则朝四而暮三,众狙皆悦。名实未亏,而喜怒为用,亦因是也。"故事源于《列子·黄帝篇》。宋有养猴子者,爱猴养猴成群,能解猴子之意,猴子也懂养猴者之心。养猴者恐限猴子的食物而不能驯服猴子,于是对猴子说:"早上给三颗栗子,傍晚给四颗栗子足够吗?"众猴子皆起而怒。养猴者再问:"早上给四颗栗子,傍晚给三颗栗子足够吗?"众猴子伏而喜。名实两无亏损,而喜怒为其所用,顺其天性而已,亦因任之义也。"朝三暮四"的故事,今天被一些人误解为不够专一。但故事的真正意义可分两个层次。其一是本质的认识,其二是方法的运用。

认清事物的本质,才能真正、真实了解事物。猴子被养猴者的方法愚弄,并未认清"朝三暮四"或是"朝四暮三"栗子的总量"本质"并没有差异,猴子的喜怒却被养猴人的智慧与方法所操控,以达到养猴者的目的,若猴子能认清事物的本质,就不会做出喜怒的反应。其次是方法的运用。透过"朝四暮三"的方法,养猴者让猴子误信栗子总量增加而喜,因而陷入养猴者的计算还沾沾自喜。

今天,有些人、有些行业运用他们各式各样的方法,以"朝三暮四"的手段迷惑消费者,误导民众,以求达至自己的目的。因此,若我们能认清事物的本质,看清事物的真相,又岂能容易被别人迷惑,受别人蒙蔽。

(三)物的差异

宣颖《庄子南华经解·齐物论》云:"大知闲闲,小知闲闲":大智者言宽裕广雅，小智者言零碎细分，此智慧之差异。又云："大言炎炎，小言詹詹"：大言者淡而无味，小言者啰啰唆唆，此异论之异。又云："其寐也魂交，其觉也形开"：这些人睡梦时心神错乱，醒觉时形体焦躁不安，此寐觉之异。又云："与接为构，日以心斗"：他们与事物周旋，整天以心计互斗，此心计角相。又云："缦者、窖者、密者"：有些言宽心，有些言深沉，有些言谨密，言之有此三别，此交接之异。又云："小恐惴惴，大恐缦缦"：小的恐惧显得提心吊胆，大的恐惧显得迷漫失精，此恐悸之异。又云："其发若机栝，其司是非之谓也"：有的言就好比箭放在弩的机关上蓄势待发，借此搬弄是非，此荣辱之主也。又云："其留如诅盟，其守胜之谓也"：有的不发一言如有盟誓，为的是以守取胜，此语默之异也。又云："其杀若秋冬，以言其日消也"：有的言衰败犹如秋冬肃杀的景象，正一天比一天弱。此琢削天真日丧。又云："其溺之所为之，不可使复之也"：他们沉溺在自己的所作所为，而无法恢复原本的状况。此沉溺不复原。又云："其厌也如缄，以言其老洫也"：而且内心隐藏避而不宣，这正好说明他们已衰老和枯竭。又云："近死之心，莫使复阳也"：最终他们已接近死亡之心，而再没办法恢复生机。人依靠言语表达不同的思想，而人的语言差异万变，犹如万窍怒呺，喧嚣不同。言有大智小智、大言小言、有寐有觉、心计角相、交接之异、恐悸之异、荣辱之主、语默之异、琢削天真日丧、沉溺不复原、衰老枯竭、死亡之心。庄子正指出言语如万窍虽各有不同，但同属地籁之声。这种种吹万不同之声，正是天道给予人独立存在的生命特征。

（四）成心是非

胡文英《笺注庄子南华经·齐物论》云："未成乎心而有是非，是今日适越而昔至也。"如果没有形成主观的成见并有是非的观念，就好比惠施所说"今日到了越国而昨天已经到了"的观点并无差异。这是未行而自夸已至。又云："是以无有为有，无有为有，虽有神禹，且不能知，吾独且奈何哉。"这是等于把未发生的事当成已发生的事，以"无有"看成"有"的成见，就算是神明的大禹尚且不能理解，我又有什么能耐呢？庄子以此唤醒世人，不要把"虚无"看成"实有"，自欺欺人。今天有些害群之马的媒体，喜欢"造新闻""编故事"，"无"中生"有"，让当事人响应，以便掉入他们的语言陷阱。这种"无有为有"的行为，相信大禹再生，也不知如何是好。

（五）真伪是非

章太炎《庄子解故·南华真经·齐物论》云："道恶乎隐而有真伪；言恶

乎隐而有是非。"道何以隐蔽而至于有真有伪,言何以隐蔽而至于有是有非。又云:"道隐于小成,言隐于荣华。"大道被有成见的人所隐蔽,至言被华丽浮夸的词所遮蔽。《道藏要籍选刊·道德真经》第十八章云:"大道废,有仁义。"又第八十一章云:"信言不美,美言不信。"语言的艺术,是今天社会经常使用的不真实、不全面,避重就轻,更甚者是华丽的谎言。除了真伪是非,今天的言语更充满不少"似是而非"的道理。若你能静心想想,不难发现这些"似是而非"的道理,只不过是遮蔽了事物的本质,让人把伪言当成真言相信,让是非不分,真伪难辨。

(六) 是非对立,皆有彼此,观人则昧,反观即明

《齐物论》云:"欲是其所非,而非其所是,则莫若以明。"若肯定对方的非,以非议对方的是,倒不如放下成见,便能看清事物的本质。又云:"物无非彼,物无非是,自彼则不见,自知则知之。"是非对立,皆有彼此,观人则昧,反观即明。天地之间的事物没有不是彼方,也没有不是此方。从彼方看不见,从此方看就清楚地知道了。两极化的思维正在社会不断扩散,从财富、思想、言语和行为等迅速蔓延。物有贵贱,有是非之分,本属常态。但当意见不合,各走极端,最终走向敌我不容,你死我活,让社会分裂,为彼此带来伤害,这显然并非百姓之福。

《庄子·齐物论》云:"是亦彼也,彼亦是也,彼亦一是非,此亦一是非,果且有彼是乎哉?果且无彼是乎哉?彼是莫得其偶,谓之道枢。枢始得其环中以应无穷。是亦一无穷,非亦一无穷也。"庄子提出,是非无始无终,循环不休,犹如环圈,形成无休止的争论。郭象注:"夫是非反复相寻无穷,故谓之环。环中空矣。今以是非为环,而得其中者无是无非也。无是无非,故能应对是非。是非无穷,故应亦无穷。"

(七) 道通为一

陈湛铨《周易讲疏》坤卦《系辞传》云:"天地交而万物通。"又云:"一阴一阳之为道。"又云:"阴阳合德。"《庄子·齐物论》云:"其分也成也,其成也毁也。凡物无成与毁,复通为一。"分一物以成数物,于此为成,于彼为毁,如散毛成毡,伐木为舍等也,如此成即毁,毁即成,故无论成毁,复可通而为一,不必一异视。又云:"庸也者用也,用也者通也,通也者得也,道得而几已,因是已,已而不知其然谓之道。"所以不为世人所用而只能寄之于自用,能懂得自用的人,就是通晓用的道理,通晓用的道理的人,就懂得通达道

115

的真理，通达道的真理的人，就是适然自得的人。能适然自得的人，则已近乎道齐一的境界。亦是如此也，而不知其如此的原因就是道。观物观事，首先需放下是非对立的成心成见，重新站在对方的立场和国度观察事物的真相。或许会发现，当初认定的"是"，或许是"非"，或许是存在于"是"与"非"之间的新道理。

（八）相对道理

《齐物论》云："天下莫大于秋毫之末，而大'泰'山为小。莫寿于殇子，而彭祖为夭。天地与我并生，而万物与我为一。"天下没有比动物在秋天长出新毛的末端为大，而高耸的泰山为小；没有比刚出生就夭折的襁褓长寿，而八百岁的彭祖为短寿。天地与我并同生存，而万物与我没有分别，合为一体，天人合一。当比大小、比长寿等时，必须存有比较的对象。秋毫何以为大？若与目不能见之微小生物细胞相比，秋毫为大。彭祖八百岁的寿命，相对一般人的寿命是长，相比活了数千年的大树的寿命为短。最好的方式，就是不必比较，只要活出自己的价值，活得有意义，又何必活在相比，又何必计较。

（九）人人都有自己的天籁

郭象（252—312年）的《庄子》注译："'天籁'指自然界中存在的众物'皆自得之'。"《齐物论》云："子游曰：'地籁则众窍是已，人籁则比竹是已，敢问天籁？'子綦曰：夫吹万不同，而使其自己也，咸其自取，怒者其谁邪？"《庄子》中的"天籁"，是指每个人内心与天地万物产生的共鸣，天籁不包括文字，也不包含言语，这种无声胜有声、无边无际的天籁之音，一直存在于我们内心深处。《庄子》的人籁是吹动竹箫之声，是人为的，地籁是风吹万窍怒呺之声，是自然的，而天籁则是吹万不同，万窍自鸣之音。人之天籁，或是其心中的真宰真君，人与天地万物自然共鸣和感应之音。

（十）物化

《庄子·齐物论》最后一章："昔者庄周梦为蝴蝶，栩栩然蝴蝶也，自喻适志与，不知周也。俄然觉，则蘧蘧然周也。不知周之梦为蝴蝶与，蝴蝶之梦为周也？周与蝴蝶，则必有分矣。此之谓物化。"因为物的不齐，所以齐物。庄周与蝴蝶，两种不同之物，各自存在于不同时空。庄周觉醒，周感觉存在于现实的空间，在梦中庄周化成蝴蝶，栩栩如生。但现实的蝴蝶觉醒，也许在梦中正是庄周的化身，庄周与蝴蝶，物本不齐，各有差异，透过"觉"与"梦"时空的穿越，在"梦"之中，由庄周化成蝴蝶；在"觉"之中，由蝴蝶化成庄周。现实与梦境，庄周与蝴蝶，物与物穿越在不同的时空。《齐物的哲学》中提及："这一完全丧失了自我确证依据的两物更化过程在《庄子》文本中叫'物化'。"

《庄子·齐物论》的"物化"，除了庄周与蝴蝶这种物与物在不同时空的转化穿越外，也可以从"物化"的概念推至生死与轮回。《齐物的哲学》指出"庄子的轮回思想和佛家有别，后者以轮回为烦恼，因而以摆脱轮回的痛苦进入涅盘的寂灭之境为其所追求的理想。《庄子》则不把轮回当作痛苦的源泉，而认为这是排除忧烦的俗谛，因为庄周根本没有羡慕'寂灭'即涅盘境界。"《庄子·至乐》篇讲述惠施吊庄子之妻，问庄周为何鼓盆而歌，庄子曰："是其始死也，我独何能无概然。察其始而本无生，非徒无生也，而本无形，非徒无形也，而本无气，杂乎芒芴之间，变而有气，气变而有形，形变而有生，今又变而之死，是相与为春秋冬夏，四时行也。"庄子的生死观，对于妻子之离世而表露无遗。人之生死，从无形到有形，由有气而生形，由形变而有生，再回到死，就好比春夏秋冬，四时之变化，好比万物生灭的无始无终，循环不息的道理。《子书四十八种·韩非子·解老》曰："凡物之有形者，易裁割也。何以论之？有形则有短长，有短长则有小大，有小大则有方圆，有方圆则有坚脆，有坚脆则有轻重，有轻重则有黑白。短长、小大、方圆、坚脆、轻重、黑白之谓理，理定则物易割。"物有异，形有分，各自有理，各自有形。

综合《庄子·齐物论》和庄子本人的认识和理解，古代的经典智慧，只要大家通达经典内容，的确可以做到"古学今用"。如果我们以为古代经典无用，只有两种原因：一是我们不认识或未曾学习，二是我们抱有成心，对经典抱有误解或成见。学习《庄子》无须急于求成，只须你平日留意或关注时事新闻，将庄子的思想套入日常发生的事物当中，你会发现《庄子》的思想能帮助你思考，并将繁杂的问题简单化，相信你对事物的分析和判断会更加客观，更重要的是你能明白和看透事物的本质，洞悉事物的内涵。期待大家从《庄子·齐物论》中找到智慧的泉源！

由"吾丧我"看庄子生死观的现代意义

孙建民[*]

摘　要：庄子是中国古代最伟大的思想家之一，他也是一位敢于正面直视并阐述有关生死话题的思想家，生死问题亦是人生哲学研究的核心问题，而每个人对生死问题的不同看法会直接影响其人生态度、价值观念和精神的通达。中国历朝历代的人们普遍看重生死，甚至说畏惧生死，既而迷信鬼怪神力，甚至向往长生不死。当今社会的人们，虽然迷信观念减弱，但仍十分避讳谈及死亡的话题，追求在有限的时间内获得更多的物质享受，拜金主义与享乐主义等潮流泛滥，人们逐渐忽视了生命本来的价值，精神极度匮乏，因此时代的发展急需一种正确的生死价值观来指导人们进行实践。而庄子站在道的角度，从自然规律、生死的根本出发，主张齐万物、齐生死，通过"心斋"与"坐忘"达到"丧我"的目的，以此超越物我、生死的限制与局限，摆脱畏惧，引导现代人更好地把握生命本身的价值，创造更美好的生活。

关键词：庄子　生死观　吾丧我　齐万物　超越

一　"吾丧我"的解释

庄子《齐物论》当中，一开始便有一段文字：南郭子綦隐机而坐，仰天而嘘，苔焉似丧其耦。颜成子游立侍乎前，曰："何居乎？形固可使如槁木，而心固可使如死灰乎？今之隐机者，非昔之隐机者也。"子綦曰："偃，不亦善乎，而问之也？今者吾丧我，汝知之乎？女闻人籁，而未闻地籁，女闻地籁而未闻天籁夫！"

这段话说的是南郭子綦靠着几案而坐，仰首向天缓缓地吐着气，那离神去智的样子真好像精神不在躯体里面了，他的学生颜成子游看见老师这样子，便

---

[*] 孙建民，男，安徽大学哲学系2019级硕士研究生，研究方向为科学技术哲学。

问老师，人的身体可能随着年岁的增长逐渐形如槁木，可是精神和心灵也能这样如死灰一般么？于是子綦回答他"今者吾丧我"，于是便引出了"吾丧我"的概念内涵。

首先，了解"吾丧我"的意思，从字面上来看，即是我丧失、消解了自我，这里的自我代表了本真的我、内心深处的我，即自我意识。而子綦在之后又问学生，你知道"吾丧我"是什么意思吗？即为何我要丢失遗弃自我的意识，于是子綦引出了"人籁""地籁"和"天籁"的概念，并由此指出，普通的人受到身体、物质的束缚，只能欣赏到"人籁"，而当他达到"丧我"的境界后，他便可以欣赏到更美好的"地籁"与"天籁"。于是，庄子借此指出了身体以及外在条件对人的束缚，对人们在追求生命美好的事物和生活的时候造成了巨大的困扰，而"吾丧我"便是达到这一境界的途径。所以，"吾丧我"的提出是为了倾听天籁之音，原来的我是指受肉体所束缚，为外物所困扰的自我，而"天籁"则是指万物在"虚空"的自然状态下所发出的声音，而"虚"是无法靠身体感官进行察觉的，也不能靠内部器官的"心"进行感知，而是要靠"气"去感受。因此"丧"则是要超越物我，抛弃感官的束缚，达到一种虚空的境界，这一境界便是庄子所推崇的生命观。

其次，我们了解了"丧我"乃是达到庄子所期盼的生命观的途径，但是"丧我"本身也是一种生命境界，我们不可能凭空就达到了"丧我"的境地，没有人一出生就是圣人，那如何达到"丧我"，这就要谈到庄子所专门提出的修养身心，培养其生命哲学观点的方法，即心斋、坐忘。"心斋"出自《庄子·人间世》中的寓言，寓言中说到颜回向孔子请教游说当时专横的卫国国君的办法，孔子则要求颜回先做到心斋，而颜回问何为心斋，孔子则回答了一个修心的过程，既要用心去体会，直到进入一个空明的境界，达到体道的程度，而道就是虚，这就是心斋，这要求人们在做事思考的时候摒除一切杂念，不依靠感官的有限功能，而是通过心灵去体会万物，这就要求心境达到简单至纯的地步，就像是空气一般能够包纳万物，既而达到得道的目的，这就是心斋。而"坐忘"出自《庄子·大宗师》中颜回和孔子的对话，颜回向孔子告知自身已达到坐忘的地步，孔子问何为坐忘，颜回回答说坐忘便是抛弃肢体和耳目等身体道德束缚，忘却形体、知觉和知识的概念，做到与大道融为一体。这便是在生理躯壳和心理困扰两个方面摆脱束缚，做到从物欲上解脱出来，不计较外在一切的得失，保持生命精神的纯洁，进而超越现实，达到忘我的境界。

"心斋"与"坐忘"两个观念的提出是为了更好地达到"丧我"的目的，而"丧我"可以说是孔子在遭受外界极复杂环境的困扰下，想摆脱物质、身体的束缚，寻求一种精神上的自由，同时庄子也通过这样的方法，达到体道的境界，进而形成了一种具有超越性的生死观念。

二 庄子的"生死观"

（一）"重生养生"的生死观

庄子的很多思想都体现出了"养生""重生"的观念，表达了庄子对个体生命价值的尊重，庄子深知自然规律，认为人生短暂，不可重复，所以要珍惜有限的时光，庄子同时也继承了老子以人为本的思想，提倡个体的价值，希望人们重视生命，与功名权力保持距离，做到内心清净，不为功名所负累。庄子的重生养生思想集中体现在《庄子·养生主》，这也是庄子自身的实践所得，有评论说"东周以降，养生之论日盛，非道家所特有，但超越了却病延年之说，而上升为一种生命哲学的养生论则为道家所独具"。该文首先指出养生最重要的便是秉持中虚之道，顺应自然规律，提倡清静无为，他将老子的少私寡欲发展成无欲无求，且指出"丧我"才能达到无欲的地步；其次又通过写《庖丁解牛》的寓言故事来阐发对养生的态度，要求人们在做人做事的时候要学会认识自然，认识周围的一切，找出内在的规律，才能做到做事顺利通达，游刃有余，并且避开外界的纷扰，达到忘我的境界，进而做到养生；最后写圣人不黏滞于物，适应天理，安时处顺，以至于命的人生态度。拿圣人举例，为了达到养生的目的，情愿放弃外物的拖累、束缚，顺应自然，抛弃杂念，何况普通人，则更应该容易放下。

在养生方面，庄子还提出了对于气功的锻炼，在庄子看来，养生是需要动静结合的，所以他不仅继承了老子的静气功，还吸收了彭祖那般动静结合的思想，并通过气功的吐故纳新的锻炼，来增强新陈代谢，这也对后世产生了极大影响，例如华佗的"五禽戏"便是受到了庄子思想的启发。庄子重生思想的"重"，是一种重视生命，轻看富贵的意思，而庄子的重生是单纯表达对生命尊严价值的重视，而并非是贪生。且庄子抨击一切名利权势及外物的诱惑对个体生命的损害，在《庄子·大宗师》篇中有云："知天之所为，知人之所为者，至矣！知天之所为者，天而生也；知人之所为者，以其知之所知以养其知之所不知，终其天年而不中道夭者，是知之盛也。"这段话便指出，当人了解人和自然的作为，懂得事物发展的真谛，通晓自然的规律，并运用得当，做到自然死亡而不在中途遭到外物的牵累而夭折，这便是认识的最高境界，也是对生命的重视和对外物束缚的摒弃。因为人们在生时，不免要与外物进行接触，为外物而感受到快乐、悲愁、恐惧等，这就是由于人不知晓事物发展的客观规律，为外物所累，而导致内心无法保持宁静，既而心为物役，无法达到"丧我"的境界，便导致身心受到损害，消耗生命的长度。

（二）"死得其乐"的生死观

相较于庄子有关"生"的生死观点，他对于"死亡"的生死观点显得色彩更为鲜明。在《庄子·至乐》篇中有"庄子鼓盆而歌"这样一则故事，在故事中，庄子的妻子去世了，庄子一边敲打鼓乐，一边唱着歌为妻子送行，这时惠子指责他不通人性，太过冷漠，毫无悲伤。而庄子则说，最初我也为我妻子的离去感到伤心，可后来想到人本身是不具备形体的，而是夹杂在恍恍惚惚的境域中有了气息，既而有了形体，再到生命，回环往复犹如四季更迭一般，因此现在的她虽然形体安静地躺在这儿，可是精神气体已经回到原来的地方，游离于天地间，这只是自然发展的过程而并非承受痛苦，所以我应该为她高兴，而并非哭泣，哭泣只能代表我不通达天命。由此寓言可以看出，庄子认为生命的开始是由于气的聚合，而生命的终止即死亡则是由于气的离散罢了，这一观点具有极大的进步意义，他将死亡归结于客观的自然现象，死亡意味着回归自然，摆脱了古代神鬼的封建迷信思想，使人们减少了对死亡的畏惧，而对死亡抱有一种平常心的态度。

另外，在《庄子·至乐》篇中，还记载了一段庄子与骷髅的对话，说庄子去楚国的途中，遇见一骷髅，于是庄子便问他是因何而死，并且列举了大量可能导致其死亡的原因，问他是哪一样？而夜晚，骷髅给庄子显梦回答庄子，说庄子之前给他列举的情况皆属于活人的忧患得失，会给人带来苦痛，接着骷髅又向庄子叙述了人死后所遇到的情况，是一种没有管制，不惧时光流逝衰老的快乐，甚至当庄子提出若是可以恢复他的生命回到亲友当中时，他说我怎么能放弃南面称王的快乐再去尝受人世间的疾苦呢？表示不愿意。在这篇寓言中，庄子借用与骷髅的对话，实则是自身与自身内心的对话，或者说是生与死的对话，庄子描述了生的苦痛，既为生，则担心死，而死后却享尽快乐幸福，不愿回到生的状态当中。因此庄子认为，生就要面对帝王、君主的管制，害怕时光的流逝，害怕接近死亡，而死亡则是消除痛苦，亦可以理解为"丧我"，既而获得永乐,是庄子追求逍遥与自由的所在。虽然这样的观点属于庄子自身的臆想,但是也能帮助人们缓解对死亡的恐惧,在面对死亡时帮助人们获得一种心灵的解脱。

(三)"死生一体"的生死观

庄子在《齐物论》中提到"方生方死,方死方生",则是说事物的出生即是在走向死亡,而事物的死亡亦是代表了一种新生,有生即有死,有死便会有生。生和死都不是绝对的,都是相对存在的,而上文中也提到了,庄子认为,人的生与死都不过是气的聚合离散,是一个循环往复的过程,因此没有真正的生死,生死在于气,而非形,我们应当以一种超越的观念去看待生死的变化,而摆脱死亡对身体和心灵的束缚,亦不要为形体上的死亡而感到悲伤,这只是为了达到人生至高境界的手段和途径,也就是"丧我",同时这也是庄子关于道的理解与智慧。因此,庄子也是相信天命的,在《庄子·大宗师》中,庄子提出"死生,命也,其有夜旦之常,天也"。这就是说,人的生死,就像是人世有夜昼的常态一样,都是天命所致,属于自然现象。而既然生与死都是气的聚合离散所导致的,所以在庄子看来这二者没有本质区别,属于一体的,于是在《庄子·列御寇》中提到,在庄子的生命即将走到尽头的时候,他的弟子想要为他举办隆重的葬礼,而庄子则说:"吾以天地为棺椁,以日月为连璧,星辰为珠玑,万物为赍送。吾葬具岂不备邪?何以加此?"而弟子便说道:"吾恐乌鸢之食夫子也。"庄子则又回答道:"在上为乌鸢食,在下为蝼蚁食,夺彼与此,何其偏也!"由此对话便可以看出,庄子面对死亡是十分超然豁达的,以天为被以地为床,对形体是毫不在乎的,这也可以看出庄子所达到的"丧我"的境界。而应对死生一体,皆是气化,皆为命也的自然规律,庄子所采取的态度便是顺其自然,既尊重生命,热爱生命,珍视生命,又欣然于死亡,面对生死,坦然接受,绝不为祸福得失所负累,回环往复,豁达开朗,这一点从庄子面对其妻子和自身死亡的态度就可以看得出来。所以,庄子在《齐物论》中提出"天地与我并生,而万物与我为一",就是说要减少对物质的需求,顺应自然,清静无为,减少物我之间的分别,遵守自然与天命之道,把自己融于天地万物中,达到一种"丧我"的境界,这也是生命的最高境界。

庄子对待生死的态度,是以道的高度来看待的,而庄子继承了老子的思想,认为"道生一,一生二,二生三,三生万物",所以道是一体的,因而人的死生也是一体的,世间万物,生死轮回都统一于道,既而泯灭了生死的差异，死亡亦不过是天命之道的一部分，是自然顺变而已，因而庄子通过"心斋""坐忘"达到"丧我"的地步，再由"丧我"超越了生死。

三 "超越生死"的现实意义

庄子在《缮性》中提出"故曰，丧己于物，失性于俗者，谓之倒置于民"，表明庄子反对心为物役，丧失自己，迷失本性于粗俗之物，而完全物化，这就是倒置于民的状态。而当今社会，享乐主义与拜金主义愈加泛滥，一旦踏入社会中，金钱、权力、名誉等对人的诱惑极易使人迷失本性，甚至产生病态的心理，因此现代社会的人们也逐渐处于倒置于民这样的一种状态，缺少精神的支柱，生命变得极其苍白。而这时，庄子哲学中重视生命，热爱生命，关注生命的价值这样一种思想观念就对现代社会的发展显得尤为重要。

超越生死的生死观念的得来首先是要通过"心斋""坐忘"来达到"丧我"的境界，这就要求现代社会的人们做到清心寡欲，做到内心宁静，不为外物所累，只有尽量减少功利性的价值取向，才能使那些物欲横流的东西不对自我的心灵造成伤害，这便是我不在乎它，那么它的好坏又与我何干的道理。现如今科技迅速发展，物质种类也在不断丰富，对人们所造成的诱惑也十分巨大，因此人们更需要通过"心斋""坐忘"的方式达到内心的宁静，而不受外物的牵累，从而达到类似于"丧我"的境界。

我们需要辨析一点，庄子虽然认为生死循环，死生一体，并且感悟死的愉悦，提倡清心寡欲，但并不是说庄子并不重视生命，这二者并非矛盾，相反，正是由于庄子重生，所以他提出清心寡欲，并写作《养生主》，教导人们如何进行养生。庄子对生命的重视在于对生命整体价值的意义，而并非时间的长短，庄子认为生命的概念不应该为形体所束缚，所以说现代社会的人们应保持内心的安宁平静，减少对自我生命长短的执着，应该更加关注生命存在的尊严与价值，才能获得一个更加纯净欢愉的人生，做到乐生且不轻死是我们应该向庄子学习的态度。

庄子所提出的"死得其乐"是告诉现代社会的人们，身体只是一具皮囊而已，生命的长度在于精神与智慧的绵延，肉体的死亡并非真正的死亡，我们应该达到"丧我"的境界，而肉体本身也是对精神的一种束缚，游离于天地和生死之间的状态才是最高的生命状态。因此身处现代的我们应该更注重于从思想和精神层次延长生命的长度，同时不要畏惧死亡，坦然接受死亡，不要把目光局限于短短几十年生命的长短,所以我们在大悲面前不要过于纠结,提高承受苦痛与灾难的能力,更不要因为贪生惧死而损害他人的利益乃至生命,我们现在能做的就是更加珍惜现在的生活与生命。

最后,庄子提出的"死生一体"价值观念,虽然受到时代的束缚具有一定的局限性,但是在当时有着极大的进步意义。而死生一体这一观念可以帮助现代社会的人们看淡生与死的差别,既不盲目趋生,也不无端赴死,同样也不过度悲喜,把死亡当作人生当中自然进程的一部分,学会顺应自然,既珍视生命,对待无法回避的死亡又能做到坦然接受,达到超越生死、逍遥物外的高度。

"西方文化对中国文化有影响力吗"

——以马克思《德意志意识形态》与司马迁《史记》研究分析

胡文臻[*]

摘　要："西方文化对中国文化有影响力吗"，笔者通过对西方相关著作与中国传统文化著作进行对比研究，明确回答：西方文化对中国文化没有影响力，但有借鉴力。

为了证明西方文化对中国文化没有影响力，笔者主要选择具有代表性的马克思《德意志意识形态》《关于费尔巴哈的提纲》、西方国家约瑟夫·S.奈《硬权力与软权力》等学者代表作，开展分析研究；选择五千年中国农耕文化基础上的中国文化政治学谱系巨著《论语》（孔门弟子集体写作的智慧成果）、司马迁《史记》等完整传承的巨著，在文献研究方法的基础上，适度采取数量方法，融合历史研究和比较研究方法为纵向揭示研究问题的规律，结合笔者创新"四论一法"的分析顺序，研究分析"西方文化对中国文化有影响力吗"这一严肃问题为横向描述揭示规律与验证方法。

任何一个国家的文化影响力，主要是看流传千年以上，具有传承完整的文化政治学谱系研究的巨著，这些巨著里面集中记载了文化与政治关系的事件和智慧哲学方法，笔者正是选择西方与中国具有重要影响力传承代表著作进行分析研究。

开展"文化政治学谱系"研究，就是解决回答中国文化传承和影响力问题，也就是研究回答"西方文化对中国文化有影响力吗"这个主要问题。这是建立在文化自信道路上的中国文化、中国气派、中国精神。

以迷信西方文化思想为基本原则来引导研究是非常危险的行为。因为在具

---

[*] 胡文臻（1963年11月— ），中国社会科学院文化研究中心副主任、研究员，中国社会科学院社会发展研究中心常务副主任，特约研究员。研究方向为文化哲学、生态哲学、应用对策。

有上下五千年人类进步文化历史的东方中国，中国"文化政治学谱系"记忆线索具有伴随农耕文化的长期性、实践性、延续性、系统性、完整性、谱系性等文化特征。

笔者经过分析研究，发现了西方文化对中国文化没有影响力的奥秘在于，西方马克思主义思想完全影响指导了中国革命，但是马克思主义文化思想不是西方社会遵行的"西方文化"。也就是说，马克思主义思想文化是全世界无产阶级的文化政治财产，西方国家和西方社会自马克思诞生以来始终排斥和拒绝接受马克思主义思想和《共产党宣言》，反证之，西方文化对中国文化没有影响力，中国文化确实影响了世界文化数千年。

首先分析西方著作（具有影响力的作品）。《关于费尔巴哈的提纲》中，对理解文化政治学基础上构建和谐社会的意义，探索关于人类生存需要的社会生活关系及社会应用实践的关系，找出其文化政治学谱系的本质特征的唯一条件是，没有长期社会实践基础是无法完成高度认识文化政治学谱系关系的。

其次分析研究问题的动机（迷信西方文化的表现）。因为，社会现实环境方面，的确存在一些迷信西方腐朽学术文化与谈吐口吻的学者，试图以西化式的文化政治学谱系研究，来达到影响阻止中国综合国力提升与应用政策研究的系统化、科学化、强大化目标。特别是在言论中存在变相歪曲中国共产党的正确领导，达到实现西方和平演变中国的阴谋侵略行为目的。

"西方文化对中国文化有影响力吗"，必须在中国社会主义文化自信基础上，以笔者探索创新式的"四论一法"的研究方法进行研究分析，力求探索出实现和谐社会体系的、建设在中国优秀传统文化理论与实践基础上的"中国文化政治学谱系"。

关键词： 西方文化　中国文化　影响力

"西方文化对中国文化有影响力吗"，明确回答，没有影响力。

人类历史发展中，劳动人民有向往美好生活的、流传至今的、传播正能量的经典歌曲文化，是人类歌唱美好生活的一个时期农耕文化生活的记忆与见证。每一首歌曲都是一段完整的一个时间段音乐谱系词组句子，都是反映一个时代的生活缩影。

人类历史文化进步中，善良的劳动人民，在人类进步发展历史过程中，结合劳动生活，创造了多彩的文化生活。这些文化艺术被世界人民喜爱、传唱、传播，有些流传成为跨世纪传唱的经典歌曲。

歌曲艺术是反映一个国家人民劳动生活的文化历史的记忆和证明，歌曲与书画艺术也记载了一个国家人民生存与生活的很多故事与经验。

这些文化艺术是与创作者和区域的生活环境密不可分的，是与创造历史时期的人民生活密切关联的，基本上反映的是生活层面的、美好向往的场景。

但是，文化政治学传承记忆，在这些无法连线的艺术作品中是无法找到谱系线索的。因为，哲学家从来都不是美术艺术家，也不是喜爱艺术的哲学家，自然得不到歌唱家、艺术家的青睐。

尽管哲学与美术艺术有融合相通之处，而大多数西方哲学家也不是文化政治学家和文化艺术歌唱家。

笔者参与中国社会科学院哲学研究所创新工程项目，本研究是2018年"文化政治学谱系"三年课题研究中的子项目。笔者在子项目中非常明确地提出了"西方文化对中国文化有影响力吗"的研究命题。以此来分析研究证明西方文化政治学谱系是不存在的。

近年来，可以看到，迷信西方腐朽文化的论文，铺天盖地以迷信西方的各种解读批评发表在国内期刊中（如果调取任意一篇赞美西方文化、制度、治理的论文，可以从中找出若干迷信化的、毫无价值的迷信腐朽问题），个别既得利益人员麻木配合，继续侵蚀着国家健康的机体。

笔者提出以"四论一法"（本体论、认识论、文化作用论、人是历史的产物论、辩证法）的顺序，研究分析"西方文化对中国文化有影响力吗"这一严肃问题。

创新"四论一法"研究方法，立足于研究人类进步文化与社会发展建设的观点，体现了自古以来的人与人之间的和谐辩证法的准确性和正确性。辩证法体现在通过研究"人是人的作品的命题"的历史检验过程中，是唯物主义的研究方法。

这也是唯物辩证法指导构建中国特色的中国文化政治学谱系研究的重要特征，这个特征只有在社会主义国家的土壤里才能生存发展和彰显力量。

一 对马克思《德意志意识形态》等著作的研究分析

（一）关于马克思的《德意志意识形态》

《德意志意识形态》的出版标志着马克思主义哲学的诞生。该书进一步发展了《神圣家族》和《关于费尔巴哈的提纲》等著作提出的思想,对唯物史观的基本原理进行了系统化的分析与阐释,对青年黑格尔派和费尔巴哈"人本主义"进行了严肃的批判分析。马克思的这一批判举动,代表着马克思、恩格斯脱去了旧时期哲学思维的外衣,脱胎换骨地迎来了新的哲学思维世界观,也就是人们研究的,马克思进行了旧哲学信仰的彻底铲除,这是马克思主义哲学成功走向指导世界实践的第一步。

《德意志意识形态》既是马克思、恩格斯创作的重要哲学著作,也是他们在历经磨难中贡献的解决社会问题的方法。该书全文首次出版后(1932 年),世界迎来了再次认识与研究马克思主义的时代。在该书中,马克思、恩格斯对影响自己的旧哲学代表性人物费尔巴哈、鲍威尔、施蒂纳(青年黑格尔派)的经典作品进行了研究分析,结合当时社会背景环境中人们的思维动向,对三位代表人物不同风格的唯心史观的理论和观点进行了批判,这是两位伟人留给后人宝贵的新哲学思维遗产。由此开始,人类的进步哲学历史中唯物史观的地位始终屹立不倒。该书系统阐述了历史唯物主义的基本原理,"如社会存在决定社会意识、生产方式在社会生活中起决定作用、生产关系必须适合生产力的发展等,标志着马克思主义哲学的成熟"[1]。

(二)费尔巴哈的哲学思想及马克思对他的批判

费尔巴哈是上承黑格尔、下启马克思的重要人物之一。他的"凡是活着的就应当活下去"的思想导语,影响了同时代的人,特别是影响了马克思。费尔巴哈是黑格尔的哲学博士,也是客观唯心主义流派的哲学博士,其《论统一的,普遍的,无限的理性》的博士学位论文代表了他的哲学观、人生观。因此,1828 年可以看成德国哲学界漫无目的客观唯心主义流派的滋生时期。同时说明西方哲学的各种流派在围绕"人活动"中,始终找不到自然界物质活动的关联性。自然也就没有文化政治研究的历史延续性与传承性,因为哲学来源于基本的"人活动"的文化政治活动的历史记忆,也就是来自人的"文化作用论"的智慧。

费尔巴哈的"人活着的第一要务就是要使自己幸福"影响了马克思为工人阶级特别是无产阶级获得生存自由奔走呼号。费尔巴哈的哲学思想,特别是道德哲学研究影响了世界,至今依然是人们学习道德理论和研究道德实践的重要

---

[1] 陈前进编:《受益一生的 600 个哲学常识》,天津科学技术出版社 2012 年版。

理论来源。分析费尔巴哈关于人的道德观的起点、基本生存准则和生存理论本质，其哲学经典在于，指导人类生存过程中解决所有问题的方式方法，是通过应用研究的结果来实现的。这就是他的"理论所不能解决的疑难问题，实践将为你解决"的应用对策研究的重大贡献。这也是费尔巴哈能够在道德哲学的基础上，提出应用实践解决现实问题的西方哲学生存的意义所在。但是相比中国春秋时期文化兴旺的哲学研究与应用对策研究，以研究人类基本文化政治历史谱系起源来看，西方研究又整整晚了约两千年。

马克思曾是一个"费尔巴哈主义者"，他一度接受费尔巴哈的"人本主义"思想，并且借助费尔巴哈来批判黑格尔以及国民经济学家的思想。费尔巴哈指出，"自然界是一本不隐藏自己的大书，只要我们去读它，我们就可以认识它"。但随着马克思对社会现实的关注以及对政治经济学的研究，他逐渐摆脱了费尔巴哈的抽象"人本主义"的束缚，并实现了对费尔巴哈的整体性研究与分析的超越。

费尔巴哈在研究批判"基督教"方面，对所处的社会政治经济文化环境影响很大，当然也在哲学研究领域引发了论战。费尔巴哈以"机械论"的观点引起了德国教会和政府之间的斗争对立，而最大的问题是德国社会中的一些极端主义者以此作为武器。当时的论战对马克思也产生了影响。马克思不赞成机械论观点，并批判费尔巴哈在历史观方面坚持唯心史观的错误观点。由此分析，西方学者个人文化思想的健康积极性方面会流传后世，但是影响不了文化与政治关系。

从文化政治学研究的角度来看，费尔巴哈的文化功底是碎片式的西方文化符号，谈不上文化谱系的早期研究。因为青年时期基本上是塑造一个人的品德行为时期，这个时候的任何大的造诣专家都没有系统地设计出一个学科的建设与文化谱系的阶段性和历史性研究课题。因为他们的研究都是在生存基础上产生的时代特征的铜板式研究，至今依然没有突破铜板式研究。

在真正的哲学社会科学领域内，没有出现超越任何时期的黄金分割般的规律分析和发展方向的科学研究方法。文化政治学谱系研究前面必须加上国家名称主语，这也是在人类历史的不断进步发展中，需要大浪淘沙的、不断总结理论与实践研究、治国理政经验与人类命运共同体文化进步发展的经验积累。从费尔巴哈的学问研究路径来看，西方文化研究者从没有在谱系方面进行思考设计和系统化的研究，基本上没有根据可考。由此分析来看，世界文字符号图形的完整线索的根据在中国。只要潜心研究中国春秋战国时期百家争鸣、百花齐放的百家诸子应用实践哲学，就会了解两千多年后的西方、老欧洲文化线索均来源于中国的百家诸子学问。

笔者认为，费尔巴哈的研究完全推理出应用对策研究的重大现实意义，只是费尔巴哈的应用研究没有在无产阶级革命实践中接受锻炼和检验，马克思完成了费尔巴哈的应用实践研究。因此，马克思的应用实践研究的理论和推理来自费尔巴哈的研究视域和部分碎片式的实践。可以说，费尔巴哈是哲学社会科学历史进程中上承黑格尔、下启马克思的理论与实践的、重视学习借鉴早期中国春秋时期文化的应用研究的探索者。

由此分析来看，早期的西方文化对中国文化没有影响力。

（三）中国文化政治学谱系

中国两千年前的百家争鸣、百花齐放的文化谱系传承影响力，早已传到了欧洲并直接影响了西方人类生活区域。中国两千多年来的"百家争鸣、百花齐放"的农耕文化基础上的文化政治学谱系历史是完整传承发展的。

中国清朝康熙皇帝在位时期，抓捕鳌拜，平定三藩，收复台湾，也就是这个时期，牛顿发表了《自然哲学的数学原理》，奠定了物理学原理的基础。由此产生了自然哲学。自然哲学的贡献在于为后来哲学社会科学奠定了发展基础。

雍正在位期间（1722年12月27日—1735年10月8日），是中国哲学由春秋时期百花齐放的繁荣哲学氛围，传承进入中国封建社会政治治理层级，进入社会治理层面的哲学文化与统治管理实践的全面探索时期。

以此来看，中国的人类文化历史是一脉相承的，贯穿了奴隶社会、封建社会、反对帝国主义时期的中国历朝历代，其中政治经济社会文化的正能量和中华文明的发明创造等文化传承和贡献谱系线索，是自古至今在具有中国人类文化历史发展实践线索特色特征的坚实基础上，顺利实现链接并延伸发展的。

雍正在位期间，法国的启蒙思想才开始，这一时期的代表人物是卢梭、伏尔泰、孟德斯鸠。我们来看法国著名的思想家伏尔泰是如何评价中国清朝时期的农耕农业文化影响力的。

伏尔泰研究指出："新帝雍正爱法律、重公益，超过父王。帝王之中无人比他更不遗余力地鼓励农事。他对这一于国民生计不可缺少的百艺之首亟为重视。各省农民被所在州、县长官评选为最勤劳、能干、孝悌者，甚至可以封为八品官。农民为官,并不需为此放弃他已卓有成效的农事耕作,转而从事他并不了解的刑名钱谷。"①

著名历史学家易中天说:"他刻薄是真刻薄,但不寡恩;冷酷是真冷酷,但非无情。雍正一朝无官不清的说法,也许夸张了点,却是对雍正治国的公正评价。雍正无疑是一个极有个性的人,也是一个杰出的人物。他感情丰富,意志坚强,性格刚毅,目光锐利,而且奋发有为。"②

(四) 西方文化的代表卢梭

西方哲学家的文化作品是以个人的知识水平和一个群体的认可流传后世的,没有形成一个国家层面的组织行为的文化影响力,没有文化的线索来记忆。我们再来看看影响西方世界的哲学家卢梭的人生及其作品,他是在四处躲避抓捕的氛围中进行研究与写作的,其文化影响力是以个人的真实生活记录反映的,获得了不同思想、身世的读者,特别是女性阶层的欢迎。1761年,卢梭的《新爱洛伊丝》出版,受到女性读者的热捧。1762年,因出版《爱弥儿》,法国法院对卢梭发出逮捕令,查禁他的书。

卢梭非常喜欢女性,据记载他与多位女性来往密切,特别是华伦夫人,她影响了卢梭的一生。卢梭在《忏悔录》中深有感悟地说:"我一想到要把孩子交给这样一个乱糟糟的家庭去抚养,我就感到害怕。如果把孩子交给他们去教育,那必然会愈教愈坏。育婴堂的教育,比他对孩子的危害小得多。这就是我决定把孩子送进育婴堂的理由。"③ 由此可以看出,西方哲学家的文化记忆中,根本没有被统治管理层面中具有正能量的代表者欣赏,以多种方式支持传承完整的、优秀的、影响后人代代相传的历史文化作品。就是有流传下来的,也多数遭到统治者的围堵封杀。

卢梭在其《社会契约论》中首次提出了"天赋人权"和"主权在民"的思想,该书开头就直接提出"人是生而自由的,但却无往不在枷锁之中"。这部书刚一问世就遭到了禁止。笔者认为,卢梭的错误在于以"人的道德与责任"为主线贯穿全书,同时又以"人的道德与责任"追求自由去推翻"人"认为的、不合民意的政府及政治权力、法律权力,以契约方式传递信息,这种方法是有煽动性的。因此,卢梭的作品虽然影响了很多国家的学者,但是其整

---

① [法] 伏尔泰:《路易十四时代》,王小东编译,北京出版社2012年版。
② 易中天:《品人录》,上海文艺出版社2000年版。
③ 崔玉娈:《中西政治思想家评传》,上海交通大学出版社2014年版,第211页。

部作品缺乏历史文化责任的使命和文化制度性与责任传承性，其阶段性、碎片式文化研究特征非常突出。

德国著名的文学家歌德研究指出："伏尔泰结束了一个旧时代，而卢梭开创了一个新时代。"说明文化政治学研究线索在西方没有连续性的传承基因，自然就不存在谱系线索。

卢梭的著作影响了康德的哲学研究观点，核心是在"人活动的道德政治思考方面如何关注研究生活环境的哲学实践思想"，其"关注与实践"同样在很大程度上塑造了我们今天的道德政治思考和实践的思想。自此之后，康德的哲学思考也是按照此路径开展研究的。

卢梭研究了"人活动的内在本质和实践目的就是检验哲学知识"，直接影响了缺乏实践经验的康德，使其改变了只是重视理论思考的研究方法。由此可见，西方有影响的任何一个哲学家在文化政治学谱系方面都没有进行过认真的历史、比较、经验方法的传承分析研究，其成果也没有获得西方国家的认可。

二　西方没有延续性的文化历史谱系线索

文化与政治学反映国家文化特征，具有千年流传的谱系，是影响人类社会关系发展的重要研究问题。

《关于费尔巴哈的提纲》在马克思哲学思想发展史上具有重要的地位，正如恩格斯所言，《关于费尔巴哈的提纲》是"非常宝贵的"，它是"包含着新世界观的天才萌芽的第一个文件"[①]。

从以上分析研究来看，以"四论一法"（本体论、认识论、文化作用论、人是历史的产物论、辩证法）的顺序进行分析，可以看出客观事实的分析结果：文化政治学谱系的"本体论"角度为"广义文化"的物质性文化实在的本性，对文化政治学谱系的研究需要通过历史环境的"认识论"的真实文化历史线索获得真知的认识，西方国家没有这个千年来延续的传承人类历史文化真知（真正知识系统，例如《论语》）的"实在"最终本性的"本体论"特征，而世界上具备这个特征的只有中国。

从这层意义来说，笔者研究分析的广义之问题在于，梳理了《关于费尔巴哈的提纲》研究思路与应用实践的基础观点，以费尔巴哈的"人是人的作品，

---

① 《马克思恩格斯选集》第4卷，人民出版社1995年版，第213页。马克思主义思想产生以来，一直是西方排斥打击的文化价值思想。

是文化、历史的产物"的引导语言,说明本体论的"实在"的最终本性,这种本性需要通过认识类似《关于费尔巴哈的提纲》作品反映的前后文化历史环境而得到认识,也就是"认识论"(由于这种认识文化历史是间接的,可以考证的数据很少,在此不再讨论)。

从广义看,"本体论"的研究以"实在"为基础目标,与认识论是完全对称的。从"本体论"的狭义角度分析,广义的本体论中又有宇宙的起源与结构的无穷变化的研究和宇宙本性的研究两大区别,前者为宇宙论,后者为本体论,这是本体论与宇宙论相对称的。

文化政治学谱系研究,如果从推荐了解几十本西方各个学派的、百年前后无休止争论和展示西方哲学家、活动家,以其生活时代个人"对知识和知识获得后所持有的信念"基础上的个体的知识观,比如陷入了解推荐的西方书籍等;"认识论"即个体的知识观,研究者耗费人力、物力、财力对这些过时的、以个体研究者对"那个时代知识结构和知识本质的信念与判断"过程中获得的无用感悟和反映,延续成后人必须学习研究的问题,由此产生"认识论";或者说,由此产生迷信西方腐朽文化或者不存在的研究西方文化政治学谱系,都是错误的。如果以这种错误基础上的认识论与本体论相对称,那么西方演变中国的阴谋活动就会更加猖獗。

所以,笔者在本文研究方法(公式)中提出了"文化作用论",是基于"本体论""认识论"之后的具有鉴别意义的"文化作用论"。这个鉴别方法就是引用马克思主义相关研究并结合中国人类文化历史发展线索来进行分析批判。通过分析研究可以看出,马克思主义哲学之前的哲学通用的"本体论"具有广义和狭义区分,马克思主义研究与实践分析批判之后,将"本体论"哲学融入了实践过程,这就是本文通过马克思主义哲学研究分析,以及马克思主义明确不采取本体论与认识论相对立或本体论与宇宙论相对立的方法,也是辩证唯物主义说明哲学的整个问题的应用意义所在。这是马克思主义哲学明确指出的应用实践研究的重要依据。正是马克思主义将"本体论"融入了实践过程,笔者以"人是历史的产物论""辩证法"来研究分析"西方文化对中国文化有影响力吗"。

(一)创新实践"四论一法"的应用研究方法

实践是人类主要的活动方式,是贯穿《关于费尔巴哈的提纲》的主线,马克思在哲学知识新领域基础上完善了新世界观,结合时代特征和人类进步革命运动，促成了解决问题的哲学方法，这就是我们学习马克思哲学的基本观点。有学者认为："《关于费尔巴哈的提纲》的主要论题是实践或人类能动性，而他批判费尔巴哈和他类似思想家的唯物主义的主要原因，就是他们对实践的忽视。"①

理解马克思哲学实践观点，就需要对《关于费尔巴哈的提纲》中的哲学实践关系进行思考，理解马克思哲学对黑格尔哲学、费尔巴哈批判哲学的形而上学的批判和超越，理解马克思哲学需要进行和必须完成的哲学革命的意义。在实践范畴方面，要以创新的人活动需要的"人自身和谐的本体论、人与自然和谐的认识论、人的文化作用论、人的生存与历史的产物论和辩证法"等人类基本历史过程中的基本文化的主线，以"四论一法"的文化谱系线索存在的特征与视角开展分析研究。

要找到历史长河中千年文化历史线索，必须从社会应用实践入手，这是基础性研究方法。由于受历史发展的局限，西方哲学家研究应用实践活动的类属人性特征明显缺乏人类长期积累的文化实践斗争经验。斗争实践中积累的经济政治文化研究思考与现实社会实践中形成的经验，是人在特有的自然世界能动环境中的体验活动。真正了解人活动的应用意义，就需要研究改造物质世界人的能动性作用，研究应用实践如何指导革命斗争胜利的特征。

从学术研究意义来看，唯心主义同样肯定人活动的主观能动性，但对于"人活动"的"真正现实的、感性的活动本身"研究没有基础理论，只是以知识来证明学习体会方法而已。费尔巴哈哲学讲"直接肯定"，黑格尔哲学讲"否定之否定"，两者形成对立。马克思认为黑格尔哲学的贡献就是"作为推动原则和创造原则否定的辩证法"。马克思指出，"把对象化看作失去对象，看作外化和这种外化的扬弃；因而，他抓住了劳动的本质，把对象性的人、现实的因而是真正的人理解为他自己的劳动的结果"。

马克思哲学就是唯物主义立场，马克思研究黑格尔辩证法并给出了"实质性的判断评价"，即人活动的结果是把人能动的创造原则，以流水注入的方法，在人类感性对象性的生存环境里自然合理流动。

马克思哲学的重要意义在于提出了"本质哲学"，这是费尔巴哈哲学所没有的，也是他完全无法解释的。费尔巴哈哲学以感性对象性进行分析，在设定

---

① 何中华：《论马克思实践观的本体论向度——重读〈关于费尔巴哈的提纲〉》，《河北学刊》2003年第4期。

研究视域中，以"人的感觉和直观印象"来进行哲学思辨活动，在过程中以"扬弃"为技术手段。马克思哲学以严谨的哲学知识结构，构建了否定的辩证法思辨哲学，以"对象性的活动"实践意义，在应用中重新构建并合理地推出了马克思哲学辩证法。

由于黑格尔哲学在研究"社会生活本身在本质上是实践的"问题时，缺乏对"人活动"存在"人感性"的现实性关注，所以在"人活动"需要上的"人感性"基础上寻找研究的对象性存在，就有了实践革命，或者说人活动的实践意义。黑格尔同费尔巴哈的哲学基础是一致的观点，双方在理论的研究基础上，认为是真正人的活动行为是错误的。这是黑格尔和费尔巴哈共同缺乏的不能理解的东西，就是"对象性的活动"以及实践过程产生的辩证法。

马克思哲学以否定的辩证法进行哲学实践活动，以"人活动时必有对象性的活动"研究，来重新规定物质性的研究的方法，这种方法就是当今使用的马克思哲学辩证法。马克思的应用对策研究观点超越了黑格尔和费尔巴哈的实践观点，他成为无产阶级的革命导师。

由此得出结论，西方哲学家研究的不全是文化问题，也不全是政治问题，主要是以一个国家环境中的人类生存需要与社会过程。比如"劳动"过程，来判断人的行为活动是归属于何种意义的活动，由此产生理论，形成学术意义。严格分析，西方的所有时代性环境中成功的哲学家、文学家、数学家等科学技术专家，都是以专业与特定时期的劳动文化、专业性研究文化关联，没有形成严谨的系统化的具有文化政治学生命力的传承关系，这就是西方文化均为碎片式的文化的原因所在。这也是本文"人是历史的产物论"的研究结果之一。

研究西方文化，根本找不到或者不存在谱系的线索。西方国家没有中国人类文化历史进步的记载研究线索，以及产生千年延续学术支撑的研究环境和条件。笔者认为，做好中国文化政治学谱系研究，才是正确的研究方向。

西方哲学家研究文化政治学谱系课题，同样必须、只能够站在投入并理解无产阶级武装斗争、世界社会主义建设、中国特色社会主义建设系列成果，中国反对迷信西方文化斗争的立场上，才能够有资格设计开展好"中国文化政治学谱系"线索的研究课题。

热爱中国文化历史的外国专家，只有以人类文化进步历史的眼光，才能够研究符合中国上下五千年文化历史发展规律，以及新时代中国特色社会主义建设经验和文化自信工程建设成果；研究符合中国共产党领导的、意识形态领域的、核心价值观意义基础上的、体现人类命运共同体的中国文化政治学谱系研究课题。

马克思哲学方法就是辩证法。以此方法研究"西方文化对中国文化有影响力吗",同时也验证了"人活动"的能动的创造应用意义。在研究具体事件比如文化传承方面,进行有机哲学实践,并找到有机的哲学生命意义,注入人活动的感性过程中的对象性。在"人活动的过程感性的对象性活动"这一革命性的辩证实践活动,以马克思哲学方法来研究本体论、认识论、辩证法的指导意义,通过中国优秀传统文化历史引导和文化线索的研究修正,以及笔者以"四论一法"(本体论、认识论、文化作用论、人是历史的产物论、辩证法)的顺序进行分析,由此推出了确定可以进行实践的辩证法。从"人"的作用与"四论一法"研究方法(公式)分析,完全可以实现完成中国文化政治学谱系研究的基础线索目标。

马克思哲学意义在于实践应用,具有哲学革命的特征。马克思哲学彻底地剔除了费尔巴哈的旧唯物主义和黑格尔的思辨唯心主义的哲学方法或者说直接影响,在哲学思辨的坚决斗争中确立了马克思哲学新唯物主义的基本原则。这是马克思研究所做出的基础理论与实践的贡献,也是今天马克思主义哲学依然存在指导作用,完全可以实现马克思主义中国化的实践路径。

马克思哲学的重要意义还在于,"人活动"是以文化为传承记忆的哲学生活。人活动的"人是历史的产物论"是当今构建社会主义和谐环境的基础,人活动的"人是历史的产物论"贡献成果,也是实现马克思哲学辩证法应用意义的实践检验成果。人活动与人依靠自然活动,人与社会互动,人与人之间相处,完全实现了人自身的哲学知识实践过程,逐步形成了马克思哲学在实践过程中的应用机制。

(二)"人"文化的社会实践研究

"人"文化可以理解为文化人。笔者以"人"文化来简约解释人文化,是相对于物文化的,因为文化政治学谱系研究是"人"进行的思考方法和分析整理数据,是"人"的作用以文化为主进行思考加工文章或者科研技术及解释的思考与实践过程。

"人"文化就是人自身的环境中实现的文化语言传递,用现代流行词语解释就是文化信息。人文化也可以成为"人"进行"真善美"对"假恶丑"的基础文化谱系研究中的主要基础信息。任何一位伟大的哲学家都是在其个人

"真善美"对"假恶丑"的哲学方法中学习工作,将研究行为与国家和谐发展融合起来,在研究过程中逐步成长起来的。而这个历练过程中,每一个学生都接受甚至模仿哲学导师的指导,学生在学习与工作环境中认识人的(也就是导师的)"为人处世"与"为人处事"的"真善美"一面或导师"假恶丑"的另一面,这就是"人文化"环境。

这就是人类文化政治学谱系研究必须从"本体论、认识论、文化作用论"开始,找到谱系线索;然后从"人是历史的产物论、辩证法"的分析论证中证明"人文化"环境首先是具体国家基础上的环境中"人"创造的。结论就是,一个人就是一部文化历史,这个人的研究要么是完整传承延续的、国家管理层面的人类文化谱系线索研究,要么就是碎片式、铜板式研究。因此缺乏主权式国家主语的文化政治学谱系研究命题也是迷信西方腐朽文化的伪命题。

文化谱系是人类生存活动中,"人"生存与国家民族生存的文化历史进程中密切关联的文化记载。中国文化政治学谱系研究有着得天独厚的优势,中华文明文化浩繁无匹,其中中国家谱文化是重要的组成部分。任何形式的国家和机构都没有中国如此丰富的、系统化的人类单元文化与国家文化历史融合发展的研究与传承线索关系。因此,在这个谱系基础上,才有细分的今天人们熟悉的各种学科、类别、系室、中心等,之后才是各类型课题或者说语言、政治、经济、文化、社会化等的研究项目应运而生,这就是"人文化"的社会实践研究。

(三)马克思破解人类的"斯芬克斯之谜"

斯芬克斯是希腊神话中加害于人的怪物,埃及最大的胡夫金字塔前的狮身人面怪兽就是他。他给俄狄浦斯出的问题是:什么东西早晨用四只脚走路,中午用两只脚走路,傍晚用三只脚走路?俄狄浦斯回答:"是人。在生命的早晨,他是个孩子,用两条腿和两只手爬行;到了生命的中午,他变成了壮年,只用两条腿走路;到了生命的傍晚,他年老体衰,必须借助拐杖走路,所以被称为三只脚。"俄狄浦斯答对了,斯芬克斯羞愧坠崖而死。学术界经常借用"斯芬克斯之迷"思考问题,现实生活中也常被用来比喻复杂、神秘、难以理解的问题。

马克思哲学以实践为基础,在人类学社会发展历史进程中第一次科学地解决了这个人类的斯芬克斯之谜。马克思在《关于费尔巴哈的提纲》中称自己的哲学为"新唯物主义"。恩格斯指出,他是"包含着新世界观的天才萌芽的第一个文件"①。

"马克思主义哲学研究的内容不是杂乱无章的，也不是机械的组合，而是各部分内容有着内在联系的、严密完整的逻辑体系。其基础是实践，实践将体系的每个范畴、每条规律贯穿于自然界、人类社会、人脑和主客体相互作用的全过程。它的逻辑结构是一个由唯物自然辩证法、唯物社会辩证法、唯物思维辩证法、唯物主体辩证法和唯物主客体辩证法相统一的唯物辩证法体系。"②

唯心主义者典型代表人物黑格尔、旧唯物主义者典型代表人物费尔巴哈的缺点，是对于人在社会实践过程中的行为活动缺乏研究，对于"人"感性活动的范围与接触现实问题的"人"的本质特征缺乏合理关系的认识研究。黑格尔也只能做到把抽象的精神的劳动看作是人的本质的自我证明，只能成为思辨唯心主义者；而费尔巴哈希望以人的智慧观察为起点，研究"仅仅限于在感情范围内承认'现实的、单个的、肉体的人'之个体"，除了观念化机械式的爱与友情外，对于人与人之间的关系没有研究认识。费尔巴哈研究"人"的实质行为表现出典型的唯心主义特征，反映了他脱离现实社会生活过程和人类生存历史进步途径，以单方面的方法观察人与社会环境，采取了个性化的研究方法，来研究证明抽象孤立的"人""类"的独立视域。

马克思从其研究社会问题的角度，强调"人的本质并不是单个人所固有的抽象物，在其现实性上，它是一切社会关系的总和"，由此来看，生活环境是"人活动"的能动性的实验基地，人活动的本质属性是在人类文化历史推动社会进步中实现的，"人活动"是多样化的人类文化现象，是人与社会关系的建立者与组织者，"人活动"的特征就是融合多类型的人类生活环境，向着健康、和谐、文化的历史进程中发展。

马克思新唯物主义的诞生，在哲学史上第一次真正解决了哲学这门学科的研究对象，唯物而又辩证地回答了哲学的根本矛盾主客体的关系。马克思主义哲学的研究内容是主客体矛盾及其在统一世界各个基本方面的展开，主体与自然客体的矛盾，主体与社会客体的矛盾，主体与思维客体的矛盾。这也是笔者提出"四论一法"研究方法（公式）的基础性的研究分析依据。

（四）人活动的自然和谐关系实践研究

马克思的观点也是立足于解决现实问题。从人活动的现实的社会环境来

---

① 王汉保：《重读马克思〈关于费尔巴哈的提纲〉的体会》，《实事求是》1991年第6期。
② 王汉保：《重读马克思〈关于费尔巴哈的提纲〉的体会》，《实事求是》1991年第6期。

看，以人活动的生存需要说明进行科学实践的重要性，探索人活动的目标是解决人生存需要物质的问题。同样人类也需要生存文化，因为它可以合理地研究解决人活动的自然和谐实践的关系问题。

如果发现马克思研究事物发展的本质特征，用发展过程中的实践关系来分析研究人活动的关系，来分析人类为生存而斗争的关系，就会发现，马克思的确研究解剖并彻底抛弃了一切唯心主义和一切旧唯物主义的制约因素与障碍。马克思《关于费尔巴哈的提纲》对以费尔巴哈为代表的旧唯物主义习惯使用的"认识世界观点是单项式客体或直观的二元对立的抽象思维模式"进行了分析批判，指出其缺乏真正意义的革命性实践思维。马克思在《德意志意识形态》中批判费尔巴哈的"一切旧唯物主义"缺点时，明确分析批评"费尔巴哈对感性世界的'理解'一方面仅仅局限于对这一世界的单纯的直观，另一方面仅仅局限于单纯的感觉"①。由此来看，费尔巴哈习惯的感性认识观点与感性认识体验都是"人活动"的实践表现方式，只能是以"单纯个人"来表现，而不是代表研究文化政治历史的人群。因此，笔者赞同引用这样的评价："费尔巴哈在对感性世界的直观中，会不可避免地碰到与他的意识和感觉相矛盾的东西。"②

由此分析来看，马克思、恩格斯的研究是为了全世界无产阶级的生存问题，西方国家长期排斥打击马克思主义思想，说明马克思文化不是西方国家文化的代表，西方文化对中国文化没有影响力。

三 研究分析"西方文化对中国文化有影响力吗"

（一）中国文化政治学谱系中的《论语》《史记》

通过不同时期西方文化与中国文化的比较和分析，可以得出西方国家文化具有碎片式的文化特征的结论。

中国文化记载着中华民族劳动生活以及发明创造，包括甲骨文历史文化传承记载、中国史前文化历史记载、司马迁《史记》记载等众多典籍，中国是世界上保存最为完整的、传承记录人类进步文化符号和文化谱系的国家。

中国文化政治学谱系研究历史基础材料丰富厚重。《论语》是中国文化政治学谱系的唯一记录完整的线索，是中国文化政治学谱系的真正根源，是西方

---

① 《马克思恩格斯选集》（第1卷），人民出版社1995年版，第76页。
② 《马克思恩格斯选集》（第1卷），人民出版社1995年版，第76页。

国家没有、中国独有的人类文化祖典,是真正的世界文化瑰宝,西方学者、政治家应认真学习领悟《论语》。《论语》开篇语直接指出,子曰:"学而时习之,不亦说乎;有朋自远方来,不亦乐乎;人不知而不愠,不亦君子乎。"笔者曾在多种会议场合以无预告的方法,向专家学者表达了学习感受,应当也必须知道"愠"的多音读法,有方言;也读"温"的发音,客家话:〔梅县腔〕wun3,〔台湾四县腔〕wun3;〔客英字典〕vun3,〔海陆丰腔〕wun3;粤语:wan3;潮州话:温6,ung6。可见,处处是学问,研究在处处。

中国幅员辽阔,生活着56个民族,必须具有共同认可的语言。至少2700年前,中国就有了通行的古代版普通话,即"雅言"。《辞海》给的解释是:"雅言,古时称'共同语',同'方言'对称。"雅言,就是中国最早的通用语言,即今天的普通话。前770年,周平王在洛阳建立东周,推行洛阳方言,之后演变成了东周国用雅言的基础,即洛阳雅言。《论语·述而第七》记载:"子所雅言,《诗》、《书》、执礼,皆雅言也。"历史文献资料有力地证明了孔子正是用洛阳雅言来讲学的,解决了来自四面八方的三千弟子在求学过程中的听说困难问题(孔子没有用家乡话山东济宁方言讲课)。

两千多年前的司马迁给后人留下了完整的文化历史记载资料《史记》。《史记》是中国贡献给世界人类历史上的第一部纪传体通史,是由中国西汉时期的著名的史学家司马迁撰写,被列为中国著名的"二十四史"之首。《史记》重点记载了上到中国上古传说中的黄帝时代,下至汉武帝元狩元年间3000多年的农耕文明文化、政治、经济、军事等的发展历史记忆。笔者认为,《论语》以及合称为中国"前四史"的《史记》《汉书》《后汉书》《三国志》等均为中国文化政治学谱系的标准线索。《论语》《史记》是任何一个西方国家所没有的文化政治学谱系研究记载线索的历史巨著和文化祖典,是中国贡献给人类的真正的"真善美"的历史文化宝贵财富。

(二)西方文化政治学者宣扬干涉掠夺文化

笔者选择当今在西方有影响力的学者,同时又是中国关注的美国中情局官员约瑟夫·S.奈的《硬权力与软权力》一书(门洪华译),以其研究的观点来分析"西方文化对中国文化有影响力吗"。约瑟夫·S. 奈(Joseph S. Nye, Jr.),1936年生,哈佛大学政治学博士,担任美国国家情报委员会主席等职务,著有《软权力:世界政治制胜之道》(2004年)、《权力游戏:华盛顿新篇章》(2004年)等著作。

"西方文化对中国文化有影响力吗"

笔者选择约瑟夫·S. 奈《硬权力与软权力》一书中部分章节，如公民与政治家、对外国人的义务、大国之间不确定的权力转移：中国与俄罗斯、全球信息时代的软权力、中国传统历史文化的六组信息等议题进行研究分析，并到黑龙江省黑河市黑河口岸、新疆霍尔果斯口岸、阿拉山口口岸等，哈尔滨市、北京市、上海市、蒙城县等区域进行中外人员文化交流和区域文化历史调研，分别在每一个调研区域发放并回收 30 份调查问卷，并以随机访谈式就"西方文化对中国文化没有影响力"这一论点进行调研。

1. 分析"公民与政治家"的研究内容。这是该书第三章"伦理与外交政策"中的一节（第 51 页），在这段约 1190 个汉字的译文中，重点举例为："例如，苏联打下韩国的民用飞机，导致 269 人丧生，截击飞行员是否会因为开火而遭受谴责，从而承担道德责任？或者他的直接上司因命令开火而遭受谴责？或者高级领导人允许此类程序的存在，从而导致不确定性和错误而应遭受谴责？且不管我们认为谁应该遭受谴责，都不会妨碍我们就苏联行为是错误的做出道德判断。"[①]

作者约瑟夫·S. 奈在这里如此直白地攻击苏联集体领导，以围绕道德、谴责、判断三个问题，一个苏联实例，一个假设美国情报官员执行任务等来用研究的方式告诉人们"公民与政治家"的关系，从而达到制造矛盾与分裂苏联，掩盖西方霸权国家和平演变苏联的阴谋的目的。关于这一事件的真正内幕，作为事件亲历者的苏联远东军区司令伊万·特列奇杨科上将在 20 多年后披露了事件的真相，也终结了世界范围内对 1983 年苏联击落"韩国客机"事件的研究活动。[②]

由此看出，"公民与政治家"的主要内容是怀疑、谴责、贬低、污蔑一个国家政府管理国家事务的能力，然后以公民的道德判断来动用武力，将错误、欺骗行为解释为正确行动。看到如此的宣传和研究成果，估计西方热爱和平的人士也极其愤怒。这里没有传递正确的文化信息，更没有具有价值意义的文化政治学研究的内容。由此可以看出，西方所谓民主的文化政治学没有理论基础，是建立在欺骗基础上的、碎片式的人造灾难。

2. 再来分析"对外国人的义务"的内容。作者说，"关于我们对非本国居

---

① [美] 约瑟夫·S. 奈：《硬权力与软权力》，门洪华译，北京大学出版社 2005 年版，第 51—52 页。

② 百度资料《1983 年苏联击落韩国客机的惊人内幕》。

民的外国人所承担的道德义务,有四种主要观点。我已经陈述了一种观点,即全然怀疑论者否认超越国境之外的责任,这一观点赖以成立的前提经不起仔细的研究。当我们转向那些承认对外国人有义务的观点之时我们碰到了如下三个截然不同的思想流派,现实主义、国家道德主义和世界主义。现实主义者和国家道德主义者往往强调秩序的价值,而世界主义者将个人公正置于更重要的地位"①。

作者进一步说,"对外国人的第一种义务是由于我们承认彼此均属于共同人类的一部分,尽管存在国家差异,我们必须承担一些消极义务,如不屠杀、征服或者摧毁其他民族的自治权"。"对外国人的第二种义务(和对我们同胞倾向的限制)是得到普遍接受的结果主义原则:为自己的行为结果承担责任。""对外国人的第三种义务是撒马利亚主义(即乐善好施,Samari‐tanism)——即急需要帮助的人立即提供帮助的义务。""对外国人的第四种义务是在某些情势下推行善行、促进其生活改善,而并不导致同胞生活质量的巨降。这一义务远远超出了撒马利亚主义范畴,但仍对同胞的倾向有了一定的限制,以防其生活恶化。"②

由此可见,西方对于外国人,无论对哪个国家的人们,从政治和经济的角度明确划分为政治类型的有"国家差异"之别,明确告知文化不同,但是承诺不屠杀等,明确讲承担"消极"义务;在经济类别的划分为"有距离接触";对急需要帮助的人们进行"乐善好施";一旦遭遇严重危机,看具体情况,以不出现"生活质量巨降"为原则。

这就是赤裸裸的所谓西方的民主、公平、尊严和生活,那些热衷于迷信西方文化和生活的人们,认真读读西方中央情报局官员和学者写的书,就会发现,迷信西方的只是提供了西方需要的实验对象,丝毫没有获得所谓的人权与自由,有的就是多了几个美元而已。因此,西方美国式的文化生活,对中国优秀传统文化没有丝毫的影响和改变,只是不明真相的个别人跑去实验生活而已。

3. 再来分析"大国之间不确定的权力转移:中国与俄罗斯"的内容。该书第四章"冷战后的冲突"中"大国之间不确定的权力转移:中国与俄罗斯"

---

① [美]约瑟夫·S. 奈:《硬权力与软权力》,门洪华译,北京大学出版社2005年版,第58页。
② [美]约瑟夫·S. 奈:《硬权力与软权力》,门洪华译,北京大学出版社2005年版,第64—66页。

一节中写道:"长远观之,影响大国间和平之岛持续性的两个不确定因素是中国和俄罗斯的长期发展趋势。在所有大国之中,这两个国家的长期增长率和国内政治(分别是现实主义者和自由主义者最为关注的指标)最难预测。"①

笔者分析此段中的实质是,要利用这两个国家的现实主义者与自由主义者的因素,实现其和平演变中国与俄罗斯(再次将其演变)的险恶目的。该段小节中指出:"欧洲广泛的安全结构、美国对华接触政策,与第一次世界大战结束之后的惩罚性安排迥异。""虽然美国在海湾的盟国都竭力遏制伊拉克和伊朗的威胁。因此,美国正继续加强在该地区的快速反应能力。"该书作者再次赤裸裸地以"盟国都竭力遏制伊拉克和伊朗的威胁"语言表明了侵略者邪恶用心的视角转移与掩盖其阴险目的的手段。该书作者写道:"当1994年10月美国采取威慑行动对付伊拉克之时,其与朝鲜的核谈判恰处于艰难时期,如果美国没有足够的兵力对两个地区几乎同时发生的意外做出反应,则可能丧失对这两个地区强权的影响力,两国也可能会利用美国的困难。保持同时对两大主要地区冲突做出反应的军事力量,确保了美国有足够的能力应对一息尚存的大国冲突风险。"②

4. 再来分析"全球信息时代的软权力"的内容。该书第八章"信息革命与美国的软权力"中"全球信息时代的软权力"小节中写道:"在当今的全球信息时代,编辑和信息提要编制人员重要性增加的一个体现就是软权力(文化和意识形态的吸引力)的相对重要性也在上升,其原因是软权力有赖于信誉。""西方世俗文化内部的紧张关系也限制了美国的软权力。20世纪90年代中期,61%的法国人、45%的德国人、32%的意大利人认为美国文化是对本国文化的威胁。大多数西班牙人、法国人、德国人和意大利人认为,国家电视台播放的美国电影和电视节目太多了。""德国记者约瑟夫·约菲说:美国拥有世界上最开放的文化,因而全世界最向美国开放。""在信息时代,软权力越来越重要,它部分是社会和经济的副产品,而不仅仅是政府官方行为所致。""政府不仅要继续推行'美国之音'、富布赖特学术项目等计划,更重要的是,美国应避免傲慢,要体现令人敬仰的价值观念。只有避免践踏我们自己发出的信息,信息

---

① [美]约瑟夫·S.奈:《硬权力与软权力》,门洪华译,北京大学出版社2005年版,第82、84—86页。
② [美]约瑟夫·S.奈:《硬权力与软权力》,门洪华译,北京大学出版社2005年版,第82、84—86页。

时代的趋势才会有利于美国。"①

由此，我们看出，西方国家的阴谋以"全球信息时代的软权力"进行文化资源的整合并有效利用倾向西方文化的痴迷人物进行一系列的代理式宣传，而且采取多种粘贴式方法与经济活动、文化活动黏连在一起，长期蒙蔽，直接影响他国人们的思想，是必须斗争的。

迷信西方腐朽文化的人员，以进行培植编辑信息的学者或者研究者为枪手，这些人可以利用研究西方哲学、文化、社会等合规外衣进行对中国信息筛选和所谓的命题研究，起到西方阴谋势力根本做不到的、和平演变中国的直接作用，必须坚决斗争。

中国必须以"底线思维"来审视警惕防范迷信西方腐朽文化的学者、研究者配合西方的侵略行为。

西方国家学者，擅长用逻辑关系来侮辱、污蔑、扭曲中国优秀传统文化历史，甚至用掩盖演变的设计方法来诱惑学生参与其错误的扭曲研究行为。

具有丰富的多体式形式逻辑与辩证逻辑，还有西方国家没有的流传世界的"孔子讲学""庄子寓言"逻辑。这些都是中国文化政治学谱系研究的权威证据和文化历史线索资料。

中国上下五千年的辉煌文化历史的"逻辑"顺序，是中国人民智慧创造的历史的产物，是以无数逻辑严密的、按照中国人民生活及社会发展事物或事理的历史说明与记载。

研究分析，辩证逻辑同样证明"西方文化对中国文化没有影响力，相反，中国文化极大地推动了世界文化的发展"。

中国形式逻辑同样包括真正意义上的归纳逻辑与演绎逻辑（从研究角度看西方逻辑与中国逻辑关系值得对比研究分析）。

分析研究中国春秋战国时代的诸子百家的辩证逻辑，完全体现了包括矛盾逻辑与对称逻辑的逻辑关系，这是西方国家远远没有的中国辉煌的传承文化历史。

西方学者极力推崇逻辑起源于古希腊，由亚里士多德提出，笔者分析这个提法是错误的。

因为，同时期还早于古希腊的中国诸子百家所著述的国宝巨著就有《论

---

① ［美］约瑟夫·S. 奈:《硬权力与软权力》，门洪华译，北京大学出版社2005年版，第153、156—158页。

语》《道德经》《庄子》《韩非子》《孙子兵法》《鲁班书》等，逻辑顺序与逻辑对称关系已经鼎定在人类文化进步的历史长河中。

同时中国孔子、老子早于古希腊学者亚里士多德一百多年（孔子出生于前551年9月28日，亚里士多德出生于前384年）。这些影响世界的中国人类文明进步的历史文化记载代代传承和研究推广，这就是完整的"中国文化政治学谱系"历史线索。同时证明，"逻辑"或者"逻辑学"起源于中国。1902年严复译《穆勒名学》，将其意译为"名学"，音译为"逻辑"。

四 结论

"西方文化对中国文化有影响力吗"，研究分析证实，没有影响力。

首先应该指出的是以中国传承"农耕文化、'三农'文化"为基础的中国文化政治学谱系研究，是以中华上下五千年历史长河中，中华文明中的农耕文化历史为雄厚的基础；其次是中国优秀传统文化直接影响了后期的世界文化历史发展，影响了西方文化研究者，从中国文化历史中学到了非常多的文化知识和内容。

结论一：中国文化影响力，中国文化政治学谱系必须建立在马克思主义历史观点基础上研究分析，以"四论一法"研究方法，结合马克思主义哲学方法，证明西方文化对中国文化没有影响力。

文化谱系不是简单意义的西方学者著作和论文表述的符号，不是西方国家某一个世纪流行了几百年的文学家的文学作品，不是西方哲学家的抽象思维，不是西方政客近代时期百年历史中四处抢夺的中国文化财产和日后的评价。

中国文化影响力研究，中国文化政治学谱系研究线索具有长期性、实践性、延续性、系统性、完整性、谱系性等文化特征和生存的价值意义，是中国祖先留下来的真正的世界文化遗产成果。

结论二：中国上下五千年文化历史传承记忆的文字贡献中，就可以看出具有实力雄厚的中国文化政治学谱系研究的历史记忆，证明了其长期性、实践性、延续性、系统性、完整性、谱系性等文化特征。

我们通过《论语》开篇中"说""乐""愠"的多音读法及应用意义研究，来证明中国文化历史谱系记忆的严谨与标准。

"说"的发音和文化政治学谱系应用意义：有［shuō］：（1）用话来表达意思。（2）解释。（3）言论；主张。（4）责备；批评。（5）指说合；介绍。

（6）意思上指。[yuè]：同"悦"。[shuì]：用话劝说使人听从自己的意见。

"乐"的发音和文化政治学谱系应用意义：有乐，汉语常用字（1），有 lào、liáo、lè、luò、yào 和 yuè 六种读音，最早见于甲骨文（2），其本义是一种弦乐器，引申指愉悦、使……愉悦等。《说文解字》认为是"五声和八音的总称"。

"愠"的发音和文化政治学谱系应用意义：（1）有新华字典标注发音：愠yùn（ㄩㄣˋ）。怒，怨恨：愠色。愠容。愠怒。愠恼。人不知，而不愠。（2）有生活中使用发音："愠"的发音，有方言集汇，客家话：[梅县腔] wun3，[台湾四县腔] wun3；[客英字典] vun3；[海陆丰腔] wun3；粤语：wan3；潮州话：温6，ung6。

《论语》只是浩繁星云的中国优秀传统文化历史传承和中国文化政治学历史研究传承的完整的谱系线索之一，还有《诗经》等。

结论三：分析了中国农耕文化传承表现形式的三大层面与观点，通过中国传承农耕文化的视角分析研究，侧重一是社会生活层面，二是劳动工作层面，三是文化信仰层面。

一是社会生活层面活动及其规律的客观性观点。这是指导研究中国文化影响力与文化谱系现象的表现形式的客观性和规律性。

二是物质决定意识观点，也就是社会存在决定社会意识，社会意识反作用于社会存在的观点，用这个观点来分析西方文化对中国文化没有任何影响力的表现人物与作品形式，找出农耕劳动文化表现形式根源与中国文化进步关系。

三是矛盾发展规律的观点，用农耕文化历史进步中的生产力与生产关系、经济基础与上层建筑的矛盾发展规律的观点和中国千年历史过程中案例，来研究三大层面所表现的矛盾关系作用。

中国文化历史传承表现形式还体现在三大条件方面。

一是社会生活型文化产业内容构成，这是中国文化影响力，中国文化政治学谱系研究的基础条件。

二是劳动工作型文化产业内容构成，这是中国文化影响力，中国文化政治学谱系研究的制度条件。

三是信仰型文化产业内容构成，这是中国文化影响力，中国文化政治学谱系研究的根本保障条件。

结论四：中国文化影响力与竞争力是传播中国文化政治学谱系研究的生命

力，必须坚持基本的研究原则。

一是坚持党的领导，认真学习贯彻党的十九大文件精神，以习近平总书记"5·17"讲话为基本研究指导，始终坚持走中国文化自信道路。破除封闭僵化的研究老套路，坚决地与迷信西方文化的代言人做斗争，不做破坏国家安全、改旗易帜的分裂国家的活动。

二是坚持实事求是、解放思想、研究传播中国文化影响力与竞争力的软实力，建立中国优秀传统文化传承发展的与时俱进、求真务实的中国文化传承研究工程。

三是坚持以人为本，为探索研究人类文化历史的专家学者，提供科学学术研究与应用研究的环境，长期开展调查研究，依靠人民群众，特别是在中国传承农耕与"三农"文化建设中，建设中国气派的文化自信工程，促进人文化的健康发展。

四是要坚持正确处理文化自信与改革发展的稳定关系，才能够研究中国文化政治学谱系等重大课题。

通过以上分析研究获得了准确的结论。论证中再用辩证唯物史观指导研究包括辩证逻辑也是得出了准确的结论，说明了西方文化对中国文化没有影响力。

庄学应用

中华优秀传统文化与文化产业的融合发展
——以蒙城庄子文化为例

孟轶琛[*]

摘　要： 在快节奏的互联网时代，文化产业的发展趋向于"泛娱乐化"，具体表现为拒斥理性与审慎，以娱乐性、碎片化的嬉笑调侃方式来满足大众生理欲望、感官快乐的需求。这严重干扰着现代精神生活的合理化建构，冲击着社会主流价值观的健康发展。大众文化主体急需一种精神上的价值指引。而道家哲学以其独有的文化视角和审美内涵揭露出现代社会种种价值尺度的缺失，可以弥补现代人精神上的价值缺失。庄子作为道家思想的集大成者，其思想展示了一种与众不同的生活态度和生活方式。但是，枯燥、晦涩的传统哲学很难被大众所理解并接受，如何准确把握传统文化与现代文化产业的契合点，将庄子的哲学文化以一种大众喜闻乐见的方式进行推广，使受众在娱乐中潜移默化地接受优秀传统文化的熏陶，对于促进中国特色社会主义文化的发展、实现中华文化的复兴有着重要的意义。

关键词： 中华优秀传统文化　文化产业　庄子文化　融合发展

一　庄子哲学文化的思想内涵

（一）"逍遥自由"的人生追求

庄子在《逍遥游》中就直接展示了自己的人生追求。所谓逍遥的境界，就是要"无所待"，在精神上获得彻底的解脱和自由。庄子推崇的"逍遥"既不属于儒家思想里积极进取的仁义君子之道，也不完全是一般人所想的毫无作为的"无为"。这是一种身处于物质世界，内心却对物质持有放任的态度，是人的纯粹心灵到达的超然物外、不受拘束的境界，可称之为"心灵之游"。

在《逍遥游》篇中，庄子指出："乘天地之正而御六气之辨，以游无穷

---

[*] 孟轶琛，女，中国社会科学院大学博士研究生。

者，彼且恶乎待哉！"① 在《应帝王》篇中又通过一篇寓言充分表达了自己对自由的无限向往。"南海之帝为儵，北海之帝为忽，中央之帝为浑沌。儵与忽时相与遇于浑沌之地，浑沌待之甚善。儵与忽谋报浑沌之德，曰：'人皆有七窍以视听食息，此独无有，尝试凿之。日凿一窍，七日而浑沌死'。"② 这里可以看出，因为儵和忽改变了混沌的自然状态，使其丧失了本该拥有的自然之性，所以最终导致了混沌的死亡。《骈拇》中也提道："凫胫虽短，续之则忧；鹤胫虽长，断之则悲。" 通过庄子的这些语句我们可以看出，必须要去除人为的束缚，才能达到真正的自然状态，得到真正的自由，这也是庄子人生的终极追求。

（二）"齐物化一"的平等思想

庄子的"齐物化一"是一种宏观上的平等思想，具体包括物与物之间、人与物之间、人与人之间以及各个层面的平等。

首先，"故为是举莛与楹，厉与西施，恢诡谲怪，道通为一"③。庄子以道的角度来看天地万物是没有差别的，这里的无差别不是所有物的形状、大小、颜色等都一致，而是指在其自然本性上是无差别的，虽然形态上存在差异，但并没有高低优劣之分，都是平等的。其次，庄子在《逍遥游》中说"朝菌不知晦朔，蟪蛄不知春秋，此小年也。楚之南有冥灵者，以五百岁为春，五百岁为秋；上古有大椿者，以八千岁为春，八千岁为秋"④。庄子认为大小、生死都是无差别的，人与万物在自然属性上是一致平等的，人岂能凌驾于万物之上？最后，庄子在《德充符》中讲述了申徒嘉的故事：子产因为申徒嘉没有官职并且身体残疾，就认为申徒嘉的身份地位低于自己。庄子则认为人与人之间并没有差别，没有优劣之分，不能因为自己的优势就觉得高人一等，而是要平等地与他人相处。在"形骸之外"人与人之间会存在样貌、身高的差异，也会出现贫富的差异，这些都不可避免。但在"形骸之内"，人与人是平等的，每个人都有独立的人格、尊严和生命意义。

（三）"天人合一"的和谐境界

庄子的"天人合一"意味着天与人是相通的，天与人也是可以相互转换、

---

① 曹础基：《庄子浅注》，中华书局2007年版，第6页。
② 曹础基：《庄子浅注》，中华书局2007年版，第96页。
③ 曹础基：《庄子浅注》，中华书局2007年版，第20页。
④ 曹础基：《庄子浅注》，中华书局2007年版，第4页。

和谐共处的，不仅是自然界和人类的和谐，也包括人与人之间的和谐，每个人与自己内心之间的和谐。

首先，庄子在《齐物论》篇中提到了"齐物化一"的平等观念，为人与自然和谐相处奠定了基础。在《山木》篇中提道："'何谓人与天一邪？'仲尼曰：'有人，天也；有天，亦天也。人之不能有天，性也，圣人晏然体逝而终矣！'"[①] 这表明，人与自然是一体的，只有遵循固有的规律、顺应自然之道，人和自然界才都能更好地生存下去。其次，庄子在《大宗师》篇中说："鱼相造乎水，人相造乎道。相造乎水者，穿池而养给；相造乎道者，无事而生定。故曰：鱼相忘乎江湖，人相忘乎道术。"[②] 用生动形象的比喻说明了人类之间如果像鱼在水中自由自在愉快地忘乎所以地游玩，那么人与人之间必然会达到和谐。虽然我们每个人因为外在的条件导致每个人必然有所差异，但是从内在来看，人与人是不存在任何差异的，因此，人与人之间是可以和谐共处的。最后，庄子在《在宥》篇指出："人大喜邪？毗于阳；大怒邪？毗于阴。阴阳并毗，四时不至，寒暑之和不成，其反伤人之形乎！使人喜怒失位，居处无常，思虑不自得，中道不成章，于是乎天下始乔诘卓鸷，而后有盗跖、曾、史之行。"[③] 庄子在这里阐述了人的内在也必须要阴阳调和才能达到心态的平衡健康。

综上所述，庄子文化的核心在于"清静无为、天人合一"，其所提出的"逍遥自由"的人生追求、"齐物化一"的平等思想、"天人合一"的和谐境界等观点，与当今中国所践行的社会主义核心价值观中的自由、平等、和谐相契合，充分展示了中华优秀传统文化的当代价值，此外，以老庄道学文化为基础发展起来的道家文化中的艺术、科学、养生等元素，也为中华优秀传统文化与文化产业的融合发展提供了丰厚的文化资源。

二 中华优秀传统文化与文化产业融合的可能性

习近平总书记指出：在5000多年文明发展中孕育的灿烂辉煌的中华优秀传统文化，"积淀着中华民族最深沉的精神追求，代表着中华民族独特的精神

---

① 曹础基：《庄子浅注》，中华书局2007年版，第237页。
② 曹础基：《庄子浅注》，中华书局2007年版，第84页。
③ 曹础基：《庄子浅注》，中华书局2007年版，第117页。

标识"①。新时代，随着互联网技术和新媒体的快速发展，国内外各种思想文化交流碰撞更为频繁、激烈，如何推动中华优秀传统文化的创造性转化、创新性发展，是考验我们的一道难题。

（一）文化产业对于传承和弘扬中华优秀传统文化具有独特优势

首先，文化产业可以利用自身的市场优势为优秀传统文化的传承和弘扬提供一定的资金支持以及重要的传播载体。文化产业可以打破传统的文化传播模式，将中华优秀传统文化转化为纪录片、影视剧等数字产品，以互联网为依托实现多渠道、立体式的传播。例如，借助B站、斗鱼、花椒、荔枝等网络移动平台，近年来，汉服、国学热、传统工艺等相关的传统文化，越来越多地出现在年轻人的日常生活中，并且逐渐成为一种潮流。其次，文化产品的传播方式更利于大众接受。文化产业制造的文化产品要赢得市场，必然要以迎合大众审美需求的通俗、生动大众文化的形式来呈现。可以说，那些承载着优秀传统文化的电影、电视剧能够以潜移默化和润物细无声的方式，在日常娱乐休闲的生活中渗入大众的大脑和心灵。

（二）优秀传统文化的传承发展能够更好地推动文化产业经济效益的实现

首先，中国拥有悠久的历史，优秀传统文化灿烂辉煌。在漫长历史长河中所记载和流传的各种历史人物、神话传说、民间故事、诗词文学、书法绘画等，可以为文化产业所涵盖的领域提供丰富的内容和创意支持。例如，腾讯与敦煌研究院启动的"数字丝路"计划，用数字技术来传承文化遗产；故宫成立专门的文创团队，将藏品信息跟人们生活需求结合起来，打造属于自己的文创品牌，不仅弘扬了故宫文化，也获得了巨大的经济效益。

其次，中国传统文化为文化产业的发展提供了广泛的受众，其中尤以"90后"群体为主。这个群体受过高等教育，有着高度的文化自信、人文素养。网络为他们打开了全世界的窗口，在了解了更多的信息之后，他们已经不再满足于单纯的外来文化的灌输，需要更好的文化自信。于是，青年群体开始主动发掘并传播属于自己的传统文化，开始追寻更加适合自己的精神和文化层面的需求。他们成为传统文化复兴和传播的主力军。比如，《中国诗词大会》一经播出就受到观众的好评，与参赛选手武亦姝相关的文章和报道在微信、微博等新媒体中刷屏式地转发；2014年，以中国传统饮食文化为内容的《舌尖上的中

---

① 《习近平谈治国理政》第1卷，外文出版社2014年版，第260页。

国2》,投资1000万元左右,却创造了3亿元的收益。这些以优秀传统文化为内容的文化产品受到了大众的认可和欢迎,当然离不开产品本身优良的制作,但更重要的是国人对中华优秀传统文化的热爱。

三 融合发展路径——以庄子故里蒙城为例

《史记》记载:"庄子者,蒙人也,名周,周尝为蒙漆园吏。"[①] 蒙城,商称"北蒙",周称漆邑、漆园、楚北地等,后称山桑、蒙县、蒙郡,唐天宝元年定名为蒙城,沿用至今。庄子为吏之漆园故城,遗址在今蒙城县城东北3千米处。根据《史记》记载及其他相关资料佐证,庄子故里在今安徽省亳州市蒙城县。作为庄子故里,蒙城县具备其他城市所不具备的独特文化优势。因此,笔者拟以庄子故里蒙城县为例,聚焦庄子文化与当地文旅产业的契合点,探讨中华优秀传统文化与文化产业相融合的实现路径。

(一)蒙城县庄子文化产业化的优势

多年来,蒙城按照"创造性转化、创新性发展"的要求,一直致力于铸造"庄子故里·逍遥蒙城"品牌。从1989年至2000年,蒙城成功举办了三届全国庄子学术研讨会,先后出版了《庄子与中国文化》《咏庄诗文联选编》《第二届庄子学术论文集》《庄子学刊特辑》《庄子者蒙人也》《老庄文化研究》等多部学术著作。"君子之乡·好人蒙城"已成为蒙城精神文明建设的亮丽品牌。

1. 打造多平台弘扬优秀传统文化

进入新时代,蒙城庄学研究迸发出新的活力。2018年5月,蒙城县与中国社科院哲学研究所签订庄学研究战略合作协议,携手打造了院地合作智库平台,庄学研究进入新阶段。从2018年开始,安徽省庄子研究会拓展思路,逐步建立起"院地共建《庄学研究》智库平台""庄子文化周""哲学观照现实"等多元载体。与中国社科院哲学研究所签订了庄学研究战略合作协议后,出版了四期《庄学研究》集刊,分别在北京、合肥举办了两次《庄学研究》集刊发布会,在庄学研究界引起了较大反响。该县举办了以"包容从容·自然自在"为主题的首届"庄子文化周"。围绕学术交流、传承展示和传承体验三大类别,共推出各类活动14项,全面展示一段时间以来庄子思想研究、庄子文化传承等方面取得的丰硕成果。在第二届"庄子文化周"中又加上了产业转

[①] (汉)司马迁:《史记·老子韩非列传》,中华书局1959年版,第213页。

化类，内容更加丰富。其中，第三期《庄学研究》集刊发布会、首届全国《庄学研究》智库论坛暨安徽省庄子研究会第四次学术交流会的举办，是院（所）地共建智库平台的新尝试，也是庄子研究新的里程碑。

2. 充分利用研究成果走产业化道路

近两年，蒙城县充分利用庄学研究成果，探索文化产业化发展道路。首先，依托"庄子文化周"创新性活动平台，充分利用中国楹联之乡、中国曲艺之乡、中国养生美食之乡、中国硬笔书法之乡等文化品牌优势，将学术、楹联、书画、曲艺、古琴、养生、美食等文化元素实现了有机融合。其次，"庄子养生功"的创编，"漆园八景"古琴曲的全面完成，建立在庄子养生理论、蒙城天然食材基础上的中国《药食同源》研究智库平台等广受好评，蒙城食品企业以"天人合一·药食同源"为产业发展的理论基础，充分利用杜仲在食品安全、保健与养生方面的天然优势，研发绿色健康食品。最后，"庄子杯"全国大书法比赛、全国庄子养生美食文化节、全国性的中秋梦蝶诗会等一系列重大文化盛会或赛事，不仅极大地提升了蒙城的知名度、美誉度和影响力，也更加有效地激发出了文化事业和文化产业传承与发展的内在动力和潜在活力。

（二）蒙城县庄子文化产业化的不足

1. 没有形成具有特色的文化品牌

作为庄子故里，蒙城虽然围绕庄子及庄子文化做了一系列工作，但是缺乏全面系统的研究，没有形成特色鲜明的地方文化品牌。文化品牌是文化的精神价值与经济价值的双重凝聚，有着丰富的含金量。提到国外的知名文化品牌，人们自然而然会想到日本的动漫、韩国的电视剧、美国的好莱坞电影等。这些拥有全球市场的文化品牌以其强大的影响力带动了企业生产和市场消费。相比之下，国内具有较高知名度和影响力的文化品牌则是凤毛麟角，如何合理利用蒙城庄子文化的丰厚资源，将其打造成具有地方特色、能够代表中国"走出去"的文化品牌，不仅对于传承、弘扬庄子文化具有重要意义，更能在以后国际国内文化资本的激烈竞争中立于不败之地。

2. 缺乏"互联网+"思维

互联网经济引发了全新的商业模式，改变了人们的沟通、交流和社交方式。中国文化产业正在发生巨大的变化，互联网公司成为中国目前种类最齐全的文化企业。很多传统文化产业正在或已经搬到互联网上，互联网企业正在逐渐成为主导文化产业发展的市场主体。蒙城县在大力推广庄子文化的过程中，虽然举办了一系列学术研讨会，也打造了庄子文化产业园区，包括举办庄子文化周等，在互联网时代，光靠线下的宣扬力度是远远不够的。要想推动庄子文化产业化的发展，必须转变思维，充分利用互联网平台走新型产业化之路，以信息化带动内容产业化，以产业化促进内容信息化，实现文化产业的跨越式发展。如前两年爆红网络的硬核动漫《领风者》，借助网络平台，以大众喜闻乐见的动漫形式讲述了马克思的一生，是新时代以新的形式推动马克思主义大众化的成功案例；国内知名游戏《诛仙手游》携手国家首批非物质文化遗产南京夫子庙，将夫子庙历史街区实景植入《诛仙手游》中，让玩家在线领略盛世秦淮风光，同时也开创了一种用游戏让传统文化鲜活起来的新玩法。

3. 缺乏与庄子文化对应的文创、周边产品

伴随文化产业的不断创新发展，文创产品不再拘泥于杯子、笔记本、帆布袋等传统样式。出版业、博物馆、非遗技艺都在跨界融合中结合自身特点，积极拥抱新领域，研发让市场认可且具经济价值的创新产品。融合带来了"1＋1＞2"的全新效果，各具特色的文创拓展着产业的发展空间。比如，故宫博物院以其深厚的历史底蕴为基础，将目标群体对准年轻人，开发出了许多文创爆款，将故宫元素融入生活中每一个细节，打造了一系列具备历史气息、充满美感的文创周边，大到雨衣、箱包，小到U盘、手机壳，都能实现与故宫元素的完美契合。而通过对蒙城县庄子文化产业园、庄子祠等的了解可以发现，其主体上属于园区规划形态，通过税收等政策吸引相关产业入驻，园区在产业推动方面仅限于相关政策，没有方向能动性。而在具体的产业方面，缺乏创意，很少涉及庄子文化的思想内核，缺乏相应的周边产品。实际上，如果能打造出既能代表庄子思想内涵又能迎合大众审美兴趣的文创周边产品，不仅能促进本地庄子文化的传播，而且也能带来巨大的经济效益。

(三) 创新路径

1. 打造独具地方特色的庄子文化品牌

文化品牌的载体是文化，它不同于商业品牌，商业品牌主要取决于商品品质的优劣，强调的是经济效益，而文化本身并无优劣之分。因此，文化品牌的打造重点不是简单的复古，粗俗的文化再现，而是对文化特色的撷取和阐释，明确品牌的差异化竞争优势，突出品牌的核心价值，不仅要追求经济效益，还要讲社会效益，唤起人们的文化自觉意识。北京大学文化产业研究院副院长陈少峰指出："品牌是文化传播的影响力来源，优质内容则是品牌形成的基础。"

文化"走出去"最重要的是坚持"内容为王"。实际上，中国文化元素在世界市场很受欢迎，好莱坞的动画电影《功夫熊猫》《花木兰》等都融入了中国元素，并获得很高的票房和很好的口碑。对于蒙城县的庄子文化品牌的打造，可以从以下几个方面入手：

一是以省内科研机构为主要力量，在蒙城县筹建一座"庄子学院"，主要负责宣传庄子的文化和思想，并且赋予其国际性，向世界讲解、传播庄子的道家和谐思想，将"庄子学院"打造成具有国际知名度的学术品牌；二是以庄子的核心思想为理论基础，比如其名篇《逍遥游》，打造一座能与黄鹤楼、岳阳楼等齐名的充满文化底蕴的"逍遥楼"，将其作为本地的旅游品牌加以推广；三是以庄子的"天其运乎、顺其自然"的人与自然和谐相处的思想为基础，打造一座"天人合一"的生态文化旅游园区，将其作为具有地方特色的生态品牌加以推广。

2. 转变思维，走"互联网+"新型产业化道路

走"互联网+"文化产业发展道路，首先要搞清楚互联网时代的受众群体，针对该群体打造其感兴趣的文化产品。根据中国科普研究所发布的报告显示，当前的网络受众具有移动化、年轻化和不断细分的特点，网民主要通过移动终端获取信息，18—40岁的青年人群是主要群体，占比超过70%。蒙城县可以走出传统文化传播思维，通过大数据的采集和分析，采用可量化的精确市场定位技术，设计针对青年受众群体的弘扬庄子文化的产品。

其次，近年来，互联网三巨头BAT（百度、阿里、腾讯）在文化产业领域不断扩张自己的地盘，文化产业在其影视、音乐、文学、游戏等领域中的份额逐渐增大、产值逐渐升高。这些是可以充分利用的巨大网络资源。蒙城县可以以这些网络平台为依托，将线下对庄子文化的弘扬搬到线上。例如，借助其社交APP（如QQ、微信、微博等）的传播迅速性、受众广泛性的特点，以公众号的形式来传播蒙城县的庄子文化；也可以仿照近年来的成功案例，将本地的庄子文化以影视、音乐等大众感兴趣的形式呈现出来，借助B站、腾讯、百度等网络平台进行宣扬，在这个过程中也可以进行一些与本地文旅产业相关的广告植入，无形中也是对本地丰富的旅游资源的宣传。

3. 打造具备"庄子文化"特征的文创周边产品

传统文化可以成为现代文化创意产业取之不尽用之不竭的丰厚资源，在"互联网+"背景下，将互联网思维、资源和技术与文化产业相结合，把握时

代背景下文创产品的全新内涵，跨界融合打破平台体系壁垒，可以设计开发出更具文化内涵和品牌特点的文创产品，激发消费者的心理共鸣及精神认同，使文创产品更好地满足人们日益增长的物质及文化消费需求。蒙城县作为庄子故里，可以利用其丰厚的文化底蕴，对庄子的哲学文化进行再设计，在其思想内涵基础之上赋予一个新的、平易近人的"符号"，借助新技术、新材料设计出满足不同用户群体消费需求的优良产品，再利用大数据分析工具来预测消费者的消费需求和动向，设计方案成形后，通过线上生产合作平台查找技术先进且成本较低的生产厂家对产品进行打样纠错和批量生产，利用互联网的时效性和传播性进行品牌营销。通过这些文创产品的设计开发，可以让晦涩难懂的庄子文化更好地"活起来"，用现代的设计表达方法更好地把庄子文化传播给大众，在大众购买、馈赠与使用的过程中，增加他们对优秀传统文化的认识和了解。

附录一

征稿启事

《庄学研究》是由中国社会科学院哲学研究所、中国社会科学院文化研究中心、中国社会科学院社会发展研究中心、安徽省庄子研究会、亳州市人民政府、蒙城县人大委员会、蒙城县人民政府等单位联合研究,邀请安徽省人民政府参事室等科研单位、院所专家学者共同组织编撰的学术集刊,本刊将全面而深入地对庄子思想展开研究,分析庄子思想及其内在联系、逻辑结构,同时还在一种比较宽广的中国哲学和世界哲学的背景下观察、分析庄子思想的理论面貌及其存在、演变的历史。

一 刊物定位

《庄学研究》集刊注重庄学研究,汇集发表国内外关于庄子研究的成果,弘扬庄学文化;汇集学界对庄子诗词哲学思想的研究,引导实践与理论发展;汇集学界评论庄子,开展中国哲学问题研究;结合庄子研究,开展人文蒙城发展论坛等国情调研合作研究,共享成果。本刊面向全国乃至国外各庄学研究机构征集稿件,提倡学术研究引领产业发展的实践,致力于引领庄学文化的研究风潮,并建设传播民族文化产业的智库平台。

二 期刊栏目

《庄学研究》集刊拟设如下栏目:

固定栏目:党建理论、智库建设、庄学研究、中国文化、中外哲学、蒙城文化、学术争鸣、专家评论。

变动栏目:庄子文学、安徽文化、人与自然、"一带一路"、中外交流。

庄学研究类稿件占全书的60%。

三 投稿说明

1. 稿件应关注庄学研究、文化哲学、文化产业等相关领域。

2. 稿件应为尚未公开发表的原创性学术作品，字数以 7000—12000 字为佳。本刊以质取稿，特别优秀的文章字数不限。

3. 请勿一稿多投。本刊实行匿名评审和三审定稿制度，审稿周期大约 1 个月，作者可随时致电咨询。

4. 本刊实行合作研究，其中稿费、审稿费等均按照国家规定执行，于高质量稿件实行优稿重酬。

5. 投稿邮箱：zxyjbj@163.com，邮件主题格式请用"投稿+工作单位+姓名+职称+论文名"，如"投稿××大学××教授庄学文化研究"。

备注：来稿选用与否，本刊均不退稿。

四 联系方式

邮箱：zxyjbj@163.com

附录二

编辑体例规范

一　内容要求

论文须为尚未公开发表的原创文章。主题应与庄学研究相关。论文字数以 7000—12000 为佳。所有投稿论文必须包含以下要件：题目、摘要、关键词、作者简介、参考文献。获得科研基金资助的文章须注明基金项目名称及项目编号。论文以课题组署名的须注明课题组主要成员的姓名及工作单位。

二　摘要、关键词、作者简介要求

1. 中文摘要：字数不超过 300 字，简明扼要地陈述研究的目的和结论。
2. 关键词：4—6 个词条，中文关键词之间使用空格隔开。
3. 作者简介：主要应写清作者所在单位、职务及研究领域等。

三　引文规范

文献标注格式	《庄学研究》集刊的文献标注格式采用脚注—编码制。在书稿提交之前，作者自身需要确保文献的完整性、准确性、一致性，并确保全书只有一种文献标注格式。在具体标引参考文献时，责任方式为"著"时可省略，其他责任方式不能省略，如"孙伟平著"可标示为"孙伟平："。责任者和责任方式后面用冒号"："，其他地方用逗号"，"隔开。 中文文章名、书名、期刊名、报纸名等都用书名号《》。英文文章名用双引号，书名、杂志名、报纸名等用斜体。
脚注—编码制	作者应当在正文中用圈码序号（①②③……）标注文献的顺序，同一个编码下可以有不同种引用文献，文献之间用分号隔开。中国作者名按照"姓名"（中间没有空格）的顺序排列、外国作者中文译名按照"名·姓"（如卡尔·马克思）的顺序排列，外国作者原名按照"名姓"（中间有空格，如 Karl Marx）的顺序排列。本书或同篇文章多个作者之间，中文作者名间用顿号隔开。英文作者名间用逗号隔开。如果通篇文章或者本书共同作者超过四个，则可用"等"（英文为 et al.）来缩写。

续表

专著	中文： 胡文臻：《"一带一路"与文化产业》，社会科学文献出版社2016年版，第106页。 刘少奇：《论共产党员的修养》（第2版修订本），人民出版社1962年版，第76页。 英文： 一位作者： Michael Pollan, *The Omnivore's Dilemma: A Natural History of Four Meals*, New York: Penguin, 2006, pp. 99-100. 两位作者： Geoffrey C. Ward and Ken Burns, *The War: An Intimate History, 1941-1946*, New York: Knopf, 2007, p. 62. 三位作者： Joyce Heatherton, James Fitzgilroy, and Jackson Hsu, *Meteors and Mudslides: A Trip through...* 三位作者以上： Dana Barncs et al., *Plastics Essays on American Corporate Ascendance in the 1960s...*
文集	杜威·佛克马：《走向新世界主义》，载王宁、薛晓源编《全球化与后殖民批评)，中央编译出版社1999年版，第247—266页。 范文澜：《论中国封建社会长期延续的原因》，《范文澜历史论文选集》，中国社会科学出版社1979年版，第41页。 甘玲、胡文臻：《形势与政策研究》，中国社会科学出版社2019年版，第26页。 John D. Kelly, "Seeing Red: Mao Fetishism, Pax Americana, and the Moral Economy of War," in *Anthropology and Global Counterinsurgency*, ed. John D. Kelly et al., Chicago: University of Chicago Press, 2010, p. 77.
杂志/期刊	何龄修：《读顾城〈南明史〉》，《中国史研究》1998年第3期。 邓子立、王翠文：《冷战后中国何以参与非洲维和行动》，《国际政治科学》2012年第2期。
报纸文章	鲁佛民：《对边区司法工作的几点意见》，《解放日报》1941年11月6日第3版。
会议文献	马勇：《王爷纷争：观察义和团战争起源的一个视角》，"政治与精英与近代中国"国际学术研讨会会议论文，杭州，2012年，第9页。
学位论文	陈默：《抗战时期国军的战区——集团军体系研究》，博士学位论文，北京大学，2012年。
档案文献	雷经天：《关于边区司法工作检查情形》（1943年9月3日），陕西省档案馆藏陕甘宁边区高等法院档案，档案号16/149。
辞书类	《辞海》，上海辞书出版社1979年版，第962页。
古籍文献	《荀子·性恶》。 （清）沈家本：《沈寄簃先生遗书》甲编卷43。
翻译著作	［奥］弗里德里希·冯·哈耶克：《经济、科学与政治——哈耶克思想精粹》，冯克利译，江苏人民出版社2000年版，第28页。